KB064715

미래의 무기

1판 1쇄 인쇄 2022년 3월 14일
1판 1쇄 발행 2022년 3월 21일

지은이 요시후지 오리
옮긴이 황세정

발행인 박주란
디자인 임현주

등록 2019년 7월 16일(제406-2019-000079호)
주소 경기도 파주시 문발로 197 1층 102호
연락처 070-8957-7076 / sowonbook@naver.com

ISBN 979-11-91573-08-4 03190

열중할 수 있는 일을 발견하는 수업

미래의
무기

Strength
of the Future

요시후지 오리 지음 | 황세정 옮김

미래에

우리의 삶은 어떻게 변하게 될까?

삶이 지루하다면
흥미를 느낄 만한 무언가를
나 스스로 만들어내면 된다.

무언가 하기 싫다면
그것을 하지 않아도 되는 무언가를
우리 스스로 만들어내면 된다.

오늘날에는
'이런 걸 하고 싶어'
하는 꿈의 개수보다
그런 사람들의 바람을 실현해주는
도구가 더 많아졌다.

언제부터
그렇게 되었을까?

인류가 이런 시대를 맞이한 것은
정말 최근의 일이다.

앞으로 어떤 세상이 펼쳐질지는
누구도 알지 못한다.

우리는 이렇게
가슴 뛰는 시대를 살아가고 있다.

머리말

안녕하세요. 이 책을 선택해 주셔서 감사합니다.

저는 발명가이자, 로봇 개발자 요시후지 오리입니다.

여러분에게는 혹시 '열중할 수 있는 일'이 있습니까?

저는 '꼭 해야 하는 일'을 그리 잘하지 못합니다. 흔히 '상식'이라 일컫는 것이나 '당연하다고 말하는 것'에 대해서도 잘 알지 못합니다. 하지만 저 자신이 열중할 수 있는 일은 예전부터 계속 있었습니다.

그 덕분에 지금은 잠자는 시간까지 아껴가며 연구와 발명에 푹 빠져 있습니다.

시간이 가는 것도 잊은 채 제가 좋아하는 일에 열중하며 살아가고 있지요.

그것이 저에게는 무척이나 자연스러운 일이지만, 그런 삶을 살기란 쉽지 않다는 것을 잘 알고 있습니다.

여러분은 아마 '열중할 수 있는 일'과 '꾹 참고 해야만 하는 일' 사이에서 고민하고 있겠지요. 그리고 성인이 되면 생계를 위해 '열중할 수 있는 일'을 포기하는 사람이 많다는 사실도 알고 있을 것입니다.

하지만 앞으로는 '남들과 같은 일' '꾹 참고 해야 하는 일'만 해서는 먹고살기 힘든 사회가 될 것입니다.

왜냐하면 기술의 발달이 기존의 꾹 참고 해야 했던 일들을 다양한 형태로 해결할 것이기 때문입니다.

오히려 미래에는 여러분이 '열중할 수 있는 일'이 여러분의 삶을 구원하게 될 것입니다.

우리가 사는 세상은 그 무엇도 완전하지 않습니다.

그렇기에 아직 발견되지 않은 무수히 많은 가치와 과제를 여러분이 '열중하는 일'이 찾아내게 될 것입니다.

다른 누구도 아닌 나의 직감에 따라, 나만의 감각으로 새로운 가치와 즐거움을 하나둘씩 발견하며 그 일에 열중하다 보면 지금까지 몰랐던 멋진 인생에 도전할 수 있습니다.

이 책은 '무언가에 열중하면 언젠가 도움이 된다'는 저의 믿음을 바탕으로, 미래를 살아갈 여러분이 성인이 되기 전에 알아두었으면 하는 점과 평범하지 않았던 제 삶과 그동안 열중해온 연구를 통해 배운 점들을 최대한 알기 쉽게 전달하고자 쓴 책입니다.

지금 어떤 일에 열중해 있는 분에게는 도움이 되고, 아직 열중할 만한 일을 발견하지 못한 분에게는 무언가에 푹 빠져보고 싶은 마음이 생기는 그런 이야기가 되었으면 합니다.

우리는 지금 급변하는 역사의 한복판에 있습니다.

1년 전에 당연시하던 일과 1년이 지난 지금 당연시하는 일이 너무나도 다르며, 심지어 사람들이 생각하는 정의나 도덕의 기준조차 바뀌고 있습니다.

인생을 살아가는 방식에 정답 같은 것이 존재하지 않고, 삶의 방식을 스스로 결정하고 선택해야 하는 시대가 되었습니다.

주위 사람들과 조금 다른 자신의 모습이 불안하더라도 스스로 생각하고 부지런히 움직여서 '많은 이에게 기쁨을 선사할 새로운 시대를 만드는 사람'이 될 수 있도록 노력해나갔으면 합니다.

Contents

2교시
일단 그냥 한번 해본다

Contents

3교시
하지 못하는 일에서 가치를 찾아낸다

4교시
누군가에게 신호를 보낸다

마지막 교시
조금씩, 같이 만들어간다

1
교시

The place that you can find your passion

뭔가 이상하다는
느낌을 알아챈다

남들과 달라도
내가 생각한 방식대로
해본다

평소에는 남들에게 맞추어 살더라도
가끔은 내가 생각한 방식대로 해보자.
처음에는 용기가 필요할 수 있다.
하지만 작은 도전이 나를 강하게 만든다.

"넌 나중에 뭐가 되고 싶니?"

살다 보면 이런 질문을 받을 때가 있다.

그럴 때는 당당하게 "모르겠습니다"라고 대답해도 된다. 모르는 것을 모른다고 말하는 것은 중요하다. 세상이 변하고 있기 때문이다.

인류는 아득히 먼 옛날부터 발전을 거듭해왔지만, 오늘날에는 그 변화의 속도가 2000년 전과 비교할 수 없을 만큼 빨라졌다.

우리 삶에 꼭 필요한 수도(水道)를 예로 들어보자. 집 안에 수도꼭지가 없던 시절에는 강에서 물을 길어오는 중노동을 해야 했고, 수질에도 문제가 있었다. 가정에 수도가 처음 설치된 것은 지금으로부터 고작 130년 전이다. 60년 전만 하더라도 각 가정의 수도 보급률이 40%에 불과했다.

밤에도 방 안을 밝게 비추는 전등이 일반 가정에 보급되기 시작한 것은 1915년 경으로, 이제 100년 정도가 지났을 뿐이다. 그 당시에는 아직 콘센트가 발명되지 않았기 때문에 가전제품을 쓰려면 전구 소켓에 연결하는 삽

입형 플러그를 사용해야만 했다.

텔레비전을 처음 판매한 시기는 1950년대이며, 휴대전화 보급은 1990년대에 시작되었다. 이러한 것만 보더라도 우리가 평소에 너무나도 당연하게 쓰고 있는 물건들이 실은 얼마 전까지만 해도 '당연하지 않았다'는 것을 알 수 있다.

2000년대에 들어서는 이러한 발전의 속도가 전보다 훨씬 빨라졌다.

만약 여러분이 타임머신을 타고 20년 전으로 돌아간다면 생활 속 불편함, 지금과는 너무 다른 사람들의 가치관에 깜짝 놀랄 것이다.

게다가 앞으로 10년 동안 세상은 더욱 급격히 발전할 것이다. 무수히 많은 제품과 서비스가 새롭게 등장했다가 사라질 것이다.

현시점에서 '어른이 되면 유튜버가 되고 싶다'고 마음먹는다고 해도 과연 유튜버라는 직업이 10년 뒤에도 존재할지는 알 수 없다.

이처럼 급변하는 시대를 살아가려면 주변 사람들에게 휘둘리지 않고, 새로운 문물을 받아들이면서 자신에게 중요한 일을 꾸준히 해나가는 것이 중요하다.

누가 시켜서 하는 것도, 남들에게 싫은 소리를 듣지 않기 위해 하는 것도 아니다. 내가 원하는 것을 정확히 아는 게 예전보다 훨씬 중요해질 것이다.

누군가에게 "그거 괜찮겠는데!"라는 말을 듣고 시작한 일이 1년 뒤에는 시대에 뒤떨어진 일이 될 수 있고, "그런 게 어떻게 가능하겠어"라는 소리를 듣고 그만두려던 일이 뒤늦게 칭찬받는 일이 될 수도 있다.

앞으로는 내가 '설레는 일'이 무엇인지 자유롭게 생각하고, 부지런히 움직여야 하는 시대다.

자, 시험 삼아 한번 자유롭게 생각해볼까.

다음 사진은 10년 전, 내가 스물세 살 때 찍은 것이다. 물론 지금의 얼굴은 이때보다 많이 변했다. 하지만 나를 알고 있는 사람이라면 이 사진을 본 순간, 젊은 시절의 나라는 걸 알아차릴 것이다.

여러분은 낯선 이의 얼굴을 보자마자 그 사람의 나이를 맞힐 수 있는지? 눈에 보이는 모습과 실제 나이가 크게 차이 나는 사람도 있지만, 적어도 그 사람이 자신보다 연상인지 연하인지 정도는 대부분 짐작할 수 있다.

나이뿐만이 아니다. 우리는 이제껏 다른 사람을 그 사람의 얼굴과 이름으로 판별해왔다.

단지 외모만 보고 '저 사람은 무서워 보이는데'라거나 '저 사람은 상냥해 보여'하며 타인을 판단하는 경우도 많았을 것이다.

10년 전의 내 모습

우리 인류는 태어난 순간부터 줄곧 자신의 얼굴과 이름을 통해 자기 존재를 인식해왔다. 하지만 그게 당연한 걸까? 이제 그 당연한 사실조차 바뀔 것이다.

요즘에는 자신의 얼굴이나 이름을 바꿀 수 있다.

일단 가장 손쉬운 방법은 성형수술을 받는 것이다. 성형수술을 통해 완전히 다른 사람이 될 수 있다. 또 화장법이나 머리 모양을 바꾸기만 해도 다른 사람처럼 보일 수 있다. 안경을 끼고 마스크를 쓰면 그 사람이 누구인지 거의 구분하지 못한다.

현재의 내 모습

나는 옛날부터 몸이 약해서 CT 검사를 받을 일이 많았다. CT 검사는 인체의 단면을 방사선으로 연속 단층촬영하고, 이를 통해 얻은 데이터를 컴퓨터로 분석해 3차원에 가까운 영상을 얻는 검사법이다.

이 데이터를 3D 프린터에 입력하면 그대로 형태가 만들어진다. 즉 과학실에나 있을 법한 골격표본이나 인체 해부 모형을 자신의 실제 크기대로 만들어 방에 장식해 둘 수 있다. 흥미로운 일이다.

꼭 CT 검사가 아니어도 된다. 여러분이 가지고 있는 스마트폰을 이용해 자신의 얼굴을 다양한 각도에서 촬영하면, 그 데이터를 가정용 3D 프린터에 입력해서 당장이라도 자신의 두상을 만들 수 있다. 심지어 흉상을 만들어 정원에 장식해 둘 수도 있다. 이는 사진 데이터를 이용해 3D 모델을 만드는 '사진측량(photogrammetry)'이라는 기술이 있기에 가능한 것으로, 이 기술은 현재 다양한 분야에 사용되고 있다.

오늘날에는 스마트폰만으로도 이러한 사진측량 기술을 활용해 손쉽게 세상에 존재하는 물체의 3D 데이터를 추출할 수 있으며, 이러한 데이터를 이용해 3D 프린터로 물체의 형상을 출력할 수도 있다.

앞으로 다가올 미래에는 한층 더 많은 일이 가능해질 것이다. 어느 화학 제조 대기업에서는 피부에 직접 붙이는 소재를 연구하고 있다고 한다.

언젠가는 젊은 시절에 촬영해둔 영상 데이터로 자신의 피부에 딱 맞는 마스크를 제작해 그 마스크를 쓰기만 하면 젊은 시절의 얼굴로 되돌아가는 일도 가능해질 것이다.

즉 미래에는 내 옆자리에 앉은 사람이, 길에서 스쳐 지나가는 사람이, 여행지에서 만난 사람이 겉모습과는 전혀 다른 나이·성별·인격을 가지고 있을 수도 있다는 뜻이다.

만약 그런 일이 생긴다면 우리는 사람들을 어떻게 대해야 할까.

"자신보다 나이 많은 사람에게는 존댓말을 사용하고, 자신보다 나이 어린 사람에게는 반말을 써도 된다."

나는 예전부터 이러한 나이에 대한 상식이 이상하다고 생각했다.

각종 온라인 게임 속 세상은 어떠한가. 게임 속 세상에서는 함께 게임을 하는 상대가 어떤 사람인지 알지 못한다. 대기업 사장이나 학생들을 가르치는 교사일 수도 있고, 어쩌면 우리 아파트 위층에 사는 유치원생일 수도 있다.

익명으로 활동하는 온라인 세계에서는 나이나 사회적 지위 같은 것이 아무 소용 없다. 그렇기에 상대방이 나보다 나이가 많은지 적은지 판단할 필요가 없다.

이러한 풍조는 앞으로 온라인 세계뿐만이 아니라 현실 세계에도 적용될 것이다.

함께 어떤 일을 하거나 우연히 만나 같이 노는 상대가 '나보다 나이가 많은지 적은지' '남자인지 여자인지' '어떤 위치에 있는 사람인지' 전혀 신경 쓸 필요가 없는 것이다.

오히려 앞으로는 사람을 판단할 때 '어떤 일을 하는 사람인가?' '나와 잘 맞는가?' '함께 있으면 즐거운가?' 등에

초점을 맞추게 될 것이다.

나 자신을 판단할 때도 마찬가지이다.

나는 지금도 사람들이 자기 자신을 '나는 이러이러한 사람이야'라고 결정지어버리는 모습을 보면 불편하고 어색하다. 예를 들어 사람은 탈 인형 같은 것을 뒤집어쓰면 평소에 절대 하지 않을 법한 행동도 할 수 있다. 가상현실 세계에서 귀여운 소녀 캐릭터를 선택한 중년 남성이 실제로 그런 소녀처럼 행동하기도 한다.

나는 스물세 살 당시의 내 얼굴 데이터를 저장해두고 있다. 언젠가 나이를 먹은 뒤 앞서 이야기한 마스크를 쓰고 거울 앞에 설 수도 있지 않을까. 그런 날이 온다면 다른 20대 젊은이들 무리에 섞여 들어가 대학 동아리 활동에 참여할지도 모르겠다.

이처럼 과학기술의 발달로 내 얼굴은 언젠가 지금과 달라질 가능성이 크다.

태어날 때 정해진 요시후지 켄타로라는 나의 이름은 이미 14년 전에 바뀌버렸다. 종이접기(일본어로 오리가미라고 한다—역주)를 좋아하는 나는 새 이름을 요시후지 오리라고 지었다.

얼굴 같은 것은 변하기 마련이니 나를 검은색 가운을 입은 사람으로 기억해주면 좋겠다.

검은색 가운은 아이폰이나 트위터가 등장할 무렵인 2006년부터 15년간 내가 매일 입고 있는 옷이다(똑같은 옷이 열여섯 벌이나 있다).

검은색 가운을 입은 남자가 하얀색 로봇을 들고 있다면 십중팔구 나일 것이다. 나를 찾고 싶다면 그 두 가지를 기억하길 바란다.

이런 식으로 여러분도 '당연하다'라는 족쇄에 얽매이지 않고, 얼마든지 자신이 하고 싶은 일에 대해 고민하고, 실행에 옮길 수 있다.

이것이 다음 세대를 살아가는 데 필요한 힌트이다.

지금 이 시대를 살아가고 있는 여러분은 행운아이다.

인생은 길어봤자 고작 100년 남짓에 불과하지만, 그 짧은 100년 사이에도 세상은 상당히 많이 변화한다. 하지만 여러분을 행운아라고 이야기하는 이유는 지금, 스스로 세상을 바꿀 수 있는 시대에 살고 있기 때문이다.

나는 휠체어나 로봇 만드는 것을 좋아한다.

내가 실현하고 싶은 일은 이 세상에서 고독을 없애는 것이다.

꾸준히 연구하다 보면 내가 살아 있는 동안에 고독을 없애는 방법을 발견할 수 있으리라 믿는다.

이 책을 읽고 있는 여러분이 어떤 사람이든 상관없다. 나보다 나이가 많든 적든, 성별이나 사회적 지위가 어떻든 나는 신경 쓰지 않는다.

그저 나와 뜻이 맞기만 하면 언젠가 함께 멋지게 일해 보고 싶다.

조금 혼이 난다고
내가 틀린 것은
아니다

때로는 남들이 뭐라 해도
내 생각을 밀고 나가야 할 때가 있다.
'남들이 뭐라 할 텐데'보다
'내 생각은 이러니까!'가 중요하다.

여러분은 휠체어를 타보고 싶었던 적이 있는지?

나는 어릴 적부터 휠체어 타는 것을 좋아했는데, 그 때문인지 지금은 휠체어를 제작·개조하는 일을 하고 있다.

휠체어는 무척이나 흥미로운 물건이다. 나는 휠체어를 보기만 해도 가슴이 두근거리고, 실제로 타는 것도 정말 좋아한다. 양옆에 커다란 바퀴가 달려 있고, 레버를 내리면 앞으로 나간다. 나만의 작은 전기자동차인 셈이다.

초등학교 시절 같은 반 친구 중에 몸을 다쳐 한동안 휠체어 신세를 진 아이가 있었다. 어느 날, 나는 그 아이의 휠체어를 빌려 타고 놀다 선생님에게 크게 혼나고 말았다.

"휠체어는 다친 사람이나 장애인이 어쩔 수 없이 사용하는 물건이지, 타고 노는 물건이 아니다"라는 이유에서였다.

나는 그때 선생님의 말이 불편하고 화가 났다. 휠체어를 탄 채로 위험한 장난을 쳤다거나 그 친구에게 허락도 받지 않고 내 마음대로 휠체어를 빼앗아 탄 것도 아니었다.

'그게 그렇게 잘못한 일인가?'라는 생각이 들었다.

나는 그 당시 안경을 끼고 다녔는데, 평소에 내 안경을 다른 친구에게 빌려주며 "너도 한번 써볼래?" 하거나 또 다른 친구와 서로의 안경을 바꿔 쓰며 "우아, 네 안경을 끼니까 세상이 온통 일그러져 보이네!" 하며 자주 장난을 쳤다. 이런 행동을 한다고 혼내는 사람은 없지 않은가. 심지어 성인 중에는 멋을 부리기 위해 도수 없는 안경을 착용하는 사람도 있다. 그런 사람에게 안경은 그저 패션 아이템 중 하나일 뿐이다.

'그런데 어째서 휠체어는 그러면 안 되는 걸까?'하는 생각이 들었다.

눈이 나쁜 사람은 안경을 벗으면 앞을 잘 보지 못하니 안경도 엄연히 장애인이 사용하는 도구 중 하나이다.

콘택트렌즈도 마찬가지이다. 나는 안내렌즈삽입술이라는 기술을 이용해 콘택트렌즈를 눈 안에 삽입했는데, 이러한 기술의 발달은 장애인이 느끼는 불편함을 해소한다.

여러분은 안경을 쓰지 않으면 글씨를 읽지 못하는 사람을 장애인이라 생각하는가?

안경이 발명된 이후, 눈이 나빠 앞을 잘 보지 못하는 장애인은 더는 장애인이 아니게 되었다.

정말 대단한 일이다. 안경, 콘택트렌즈, 안내렌즈삽입술을 발명한 이들은 정말 위대한 사람들이다. 만약 이러한 발명품이 존재하지 않았다면 나처럼 시력이 나쁜 사람은 생활에 많은 불편을 겪었을 것이다. 단지 시력이 나쁘다는 이유만으로 학교 성적이 떨어져 내가 원하는 학교에 진학하지 못했을 수도 있다. 나는 예전에 시력 회복을 목적으로 하루에 30분 정도 먼 곳을 보는 눈 운동 같은 것을 억지로 한 적이 있다. 그러한 노력이 효과가 있었는지는 의문이다. 하지만 내가 겪은 불편함은 안경을 쓰는 순간, 바로 해결되었다.

그렇다면 휠체어는 장애인을 '불편하지 않은' 상태로 만들 수 있을까? 내가 보기에는 그렇지 않은 것 같다. 즉 앞으로 더 발전할 가능성이 있다.

물론 이는 휠체어에 국한된 이야기가 아니다.

앞으로 펼쳐질 시대를 살아가는 데 있어 이 세상에 존재하는 모든 재화·서비스·기술, 심지어는 타인의 생각마

저도 '여전히 불완전한 부분'이 많다. 즉 앞으로 우리가 살면서 개선할 여지가 얼마든지 있다.

비록 선생님에게 혼나기는 했지만 어릴 적 휠체어를 타고 놀아본 경험이 있었기에 훗날 휠체어 연구에 푹 빠질 수 있었고, 고등학생 때는 국제 과학기술 경진대회에 나가 큰 상을 받기도 했다.

내가 왜 이런 취급을 받아야 해?

내가 왜 이런 일로 혼나야 하는 거지?

여러분이 만약 어떤 일에 거부감을 느꼈다면 그때의 기분을 잘 기억해두기 바란다. 세상에 완전한 것은 없다. 무언가 이상하다고 생각할 때 우리는 그것을 바꿔나갈 수 있다.

실패하더라도
형태를
먼저 만들어본다

무슨 일이든 갑자기 성공하지는 않는다.
최대한 빨리 눈에 보이는 형태로 만들어서 확인하고,
거기에서 해결해야 할 과제를 발견한다.

휠체어에 대해 좀 더 이야기해보겠다.

나는 초등학교와 중학교 때는 학교를 제대로 다니지 않았지만, 공업고등학교에 진학한 후에는 학교에서 선생님 및 선배들과 함께 SF 영화에 나올 법한 근사한 휠체어를 만들었다.

분홍색으로 유광 코팅된 곡선형 차체에 헤드라이트와 사이드미러, 방향지시등에 범퍼까지 달린 전륜구동 삼륜차였다. 타이어의 두께가 10센티미터를 넘고, 자이로스코프 센서가 기울기를 감지해 자동으로 수평 상태를 유지하는 수평 제어장치를 장착했으며, 한쪽 바퀴를 이용해 턱을 올라갈 수 있는 엄청난 성능을 자랑하는 휠체어였다. 우리는 이 휠체어를 '전자두뇌 휠체어'라 명명했다.

지금도 나는 네 대의 휠체어를 가지고 있는데, 더 나은 휠체어를 만들기 위해 꾸준히 개조 작업을 하고 있다. 전동 휠체어 같은 경우는 확실히 편리하기는 하다. 팔이 조금 불편한 사람도 레버를 내리기만 하면 언덕길도 휠체어가 알아서 척척 올라간다. 하지만 세상에는 휠체어 레버를 스스로 내리지 못하는 사람도 있다.

예를 들어 루게릭병 환자가 그렇다.

흔히 루게릭병이라 불리는 근위축성측삭경화증은 손발의 근육이나 호흡에 필요한 근육이 점점 마르고 힘이 없어지다 나중에는 거동조차 못 하는 상태가 되는 무서운 병으로, 아직 원인이나 치료법이 밝혀지지 않았다.

일본에서는 루게릭병 환자가 한 해에 약 1,000명 정도 발생하고 있다. 병의 진행이 빨라서, 환자는 결국 호흡기 없이는 생명을 유지할 수 없는 상태가 된다.

루게릭병 환자들은 의식이 또렷한데도 할 수 있는 게 아무것도 없다. 손발을 전혀 움직이지 못한다. 몸이 가려워도 직접 긁을 수조차 없다. 생각은 할 수 있지만, 생각한 내용을 말로 표현할 수가 없다. 얼마나 괴로울까?

하지만 대다수 루게릭 환자의 경우, 마지막까지 눈을 움직일 수 있다.

그래서 '눈의 움직임을 감지하면 휠체어를 작동할 수 있지 않을까?'라는 생각이 든 나는 시선 입력 센서로 움직이는 새로운 휠체어를 만들었다.

그러자 사람들은 "그래도 눈으로만 움직이는 건 좀 위험하지 않아?"라는 식의 반응을 보였다.

잘 모르겠을 때는 일단 한번 해보자는 생각으로 실제로 만들어 타보았더니 예상대로 움직이기가 쉽지 않았다. 그랬더니 사람들은 "그러니까 내가 힘들 거라고 했잖아"라며 비웃었다.

하지만 직접 해보니 어려운 부분이 무엇인지 알 수 있었다. 인간은 종종 한눈을 팔기도 하고, 시선이 이리저리 흔들리기도 한다. 그래서 시선이 흔들린다는 것을 전제로 프로그래밍을 수정했더니 쉽게 조작하는 법을 찾을 수 있었다. 지금은 이 휠체어를 처음 본 사람도 5분 정도만 연습하면 얼마든지 쉽게 탈 수 있었다.

뭐든지 직접 해보지 않으면 모르는 것투성이이다.
이때 문제점을 생각하기보다 '그래도'라는 생각으로 먼저 실행에 옮기면 결론이 빨라진다.

시선으로 조작하기가 한결 쉬워진 새 휠체어도 실제로 만들어보니 해결해야 할 또 다른 과제가 있었다. 이대로는 탈 수가 없었다.

　루게릭병 환자들은 평소 부피가 큰 호흡기를 실을 수 있는 휠체어를 몸에 맞게 주문 제작해서 타고 다닌다. 그러므로 환자들이 새로운 휠체어를 경험해보려면 원래 타고 다니는 휠체어에서 내가 만든 휠체어로 갈아타야 하는데, 그 점이 어려웠다. 그렇다면 어떻게 해야 할까.

　환자의 휠체어를 바로 신형 휠체어로 개조해버린다? 나쁘지 않은 생각이다. 하지만 그 환자가 새로운 휠체어를 제대로 조작할 수 있을지 알 수 없기에 나는 되도록 미리 경험해볼 기회를 주고 싶었다.

　그래서 나는 생각했다.

　'그렇다면 휠체어에 탄 채로 옮겨 탈 수 있는 휠체어용 휠체어를 만들면 되지'.

　나는 곧바로 홈센터(DIY 용구나 자재 등 주택 관련 용품을 판매하는 일본의 대형 상점 – 역주)에서 사 온 목재로 운반차처럼 생긴 장치를 만들었다. 그리고 거기에 눈을 움직이기만 해도 이동이나 문자 입력이 가능한 장치를 달았다.

프로그램은 중학생도 알 수 있을 만큼 쉽게 적어놓았다. 이 휠체어를 개발할 때 나를 도왔던 친구는 그 당시 고등학교 1학년생이었다.

나는 시제품을 만들자마자 루게릭병 환자 모임에 가지고 가서 많은 환자분에게 휠체어를 탄 채로 이 장치 위로 올라가 자유롭게 움직이게 해보았다. 다들 세계 최초로 개발한 '휠체어를 위한 휠체어'를 경험하며 무척이나 즐거워했다.

그리고, 그 자리에서 나는 다시 아직 개량이 필요한 또

다른 과제를 발견했다.

이처럼 세계 최초의 무언가를 만드는 과정에서 발견하는 과제들은 전부 '온 인류를 통틀어 아직 발견한 사람이 나밖에 없는' 문제들이다.

그렇게 생각하면 너무나 가슴이 두근거린다.

참지 않겠다고
결심한다

"사람은 인내심이 강해야 한다"라는 것은 맞는 말일까?

그보다는 참기 싫은 일을

참지 않아도 되는 방법을

고민하는 것이 더 중요하다.

우리는 누구나 언젠가 휠체어를 타게 될 가능성이 있다.

무슨 일이 있어도 휠체어 신세를 지고 싶지는 않다고?
어째서 그런가?

이 질문에 여러분은 "무엇 하나 자유롭게 할 수 있는 게
없으니까"라고 대답할지도 모른다.

그렇다면 휠체어를 탐으로써 여러분이 할 수 있는 일
이 많아지고, 지금보다 생활이 더 편리해진다면 어떨까?
예를 들어 현재 나는 눈의 움직임만을 이용해 자유롭게
돌아다니거나 자세를 바꿀 수 있는 활동적인 휠체어를
개발 중이다.

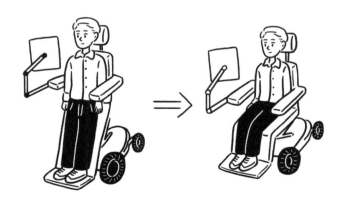

모두가 부러워하고 일상에서 타고 싶어 할 만한 휠체어. 나는 그런 휠체어가 아직 세상에 존재하지 않을 뿐, 앞으로 얼마든지 만들 수 있다고 생각한다.

현재 우리가 참아내고 있는 모든 일은 인류의 노력을 통해 하나둘씩 없애나갈 수 있다. 오히려 이제껏 불편하지만 참아왔던 부분을 놀랄 만큼 개선하면 부러운 존재가 될 수도 있다. 인류는 이제껏 그런 식으로 발전해왔다.

그렇다면 사람들이 부러워할 만한 휠체어의 궁극적인 형태는 과연 무엇일까?

이러한 고민을 하다 내가 만들어본 것이 '고타쓰(나무로 만든 테이블 밑에 난로를 놓고, 테이블 위에 이불을 덮은 일본의 난방기구—역주)가 깔린 휠체어'였다.

어릴 적 추위를 많이 탔던 나는 이런 생각을 했었다.

'외출하기 위해 추운 날에 따끈따끈한 고타쓰를 벗어나는 불편함을 감수해야 하다니. 아직 더 개선할 여지가 있지 않을까?'

아, 물론 나도 알고 있다. 이런 생각을 말하면 사람들은 대부분 "무슨 소리야?" "그 정도는 좀 참아야지" "하여간

쓸데없는 생각만 한다니까"라고 반응하리라는 걸.

하지만 그냥 그렇게 추위를 견뎌내며 밖으로 나와버리면 아무것도 변하지 않는다. 앞으로도 쭉 참고 견뎌야만 하는 것이다.

참아야만 하는 상황에서 참지 않고 자신의 목적을 달성하려면 어떻게 해야 할까.

중요한 것은 고타쓰에서 나오는 것이 아니라, 내가 원하는 곳으로 가는 것이다.

고타쓰와 전동 휠체어를 합치면 고타쓰에 들어가 있는 채로 자유롭게 돌아다닐 수 있을 뿐만 아니라, 전동 휠체어에 장착된 대형 배터리에 스마트폰이나 노트북을 내내 충전하면서 이동할 수도 있다.

또 다른 장점도 있다. 예를 들어 스탠딩 파티에서는 소규모 그룹이 작은 테이블에 둘러서서 와인 잔을 들고 건배를 하며 담소를 나누는 경우가 많다.

만약 대형 휠체어를 탄 사람이 그런 자리에 참석한다면 그 사람은 어떠한 상황에 놓일까. 다리가 앞으로 나온 상태라 다른 사람들처럼 테이블에 가까이 다가가고 싶어도 쉽게 그러지 못한다.

그러면 사람들 무리에 끼고 싶어도 참아야만 한다. 그래서 나는 '그런 사람도 그 자리에 참여할 수 있게 하자'라든가 '다른 사람들에게 협조해달라고 부탁하자'라는 추상적인 생각 대신 '그 사람을 중심으로 사람들이 모이게 하는 방법'을 고민해보았다. 그 결과 탄생한 것이 바로 이 '고타쓰 휠체어'이다.

실제로 파티에서 고타쓰 휠체어를 사용하게 해보았더니 그 자리에 참석한 사람들이 고타쓰 테이블에 "○○ 씨, 이것 좀 잠깐 여기에 둘게요"라며 와인 잔을 자연스럽게 내려놓았고, ○○ 씨를 중심으로 모임과 대화가 형성되었다.

여러분이 지금 꾹 참고 있는 일이 있다면 마찬가지이다. 자신이 어떤 점을 참고 있는지 알아차릴 수만 있으면 그것을 해결하는 순간, 새로운 가치가 생겨난다.

체육관이 춥다, 비가 오면 운동장을 쓸 수 없다, 같은 반 친구의 이름이 기억나지 않는다, 입고 싶지 않은 교복을 입고 다닌다……. 만약 이런 생각이 든다면 한번 눈여겨보자.

학교에서나 사회에서 생활하다 무언가 불편함이나 거부감을 느껴도 '어쩔 수 없지' '그냥 참자'라며 늘 하던 대로 해버리면 아무것도 바뀌지 않는다.

어떤 부분에 거부감을 느꼈다면 그 일을 좀 더 편하게, 자유롭게, 재미있게 할 수 있는 방법을 한번 생각해볼 수 있지 않을까?

물론 어떤 일을 하다 보면 참아야 하는 순간도 있다. 하지만 그 일을 순순히 받아들이지 말고, 참지 않을 방법이 없는지 곰곰이 생각해보자. 몇 번씩 고민하고 실패하며 나만의 답을 찾다 보면 그러한 고민과 경험이 언젠가 반드시 힘이 될 것이다.

아는 사람에게
물어본다

얼핏 어렵고 복잡해 보이는 문제도

다른 사람에게 물으면

"실은 좋은 방법이 있어"하며 심플한 답을 들을 때가 많다.

정보는 언제나 든든한 지원군이 된다.

이런 것을 만들어보고 싶고, 저런 것도 만들어보고 싶다. 하지만 아무것도 없는 상태에서 모든 걸 나 혼자 시작하기는 어려울 것 같은데……. 엄청난 돈과 시간을 투자해 어려운 공부를 하거나, 좋은 대학에 들어가거나, 고도의 기술을 익히거나 해야 하지만, 나로서는 전부 불가능하다. 혹시 여러분은 이런 생각을 하다가 포기해버린 일이 있는지?

　　확실히 예전에는 이러한 거창한 방법이 필요했을 수 있다. 하지만 이제는 전혀 그렇지 않다. 지금 시대에 필요한 것은 '정보를 수집하는 능력'이다.

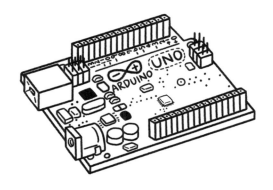

하고 싶은 일이 생기면 일단 어떻게 해야 하는지 그 방법부터 검색해보자. 스마트폰으로 검색하거나 도서관에 가거나 부모님 또는 학교 선생님에게 물어보면 의외로 쉽게 답을 찾을 수 있을지도 모른다.

때로는 방법을 찾지 못할 수도 있다. 부모님이나 학교 선생님이라고 해서 모든 걸 다 아는 것은 아니니까. 하지만 흥미롭게도 인터넷상에 존재하는 익명의 누군가에게 물으면 답을 알 수 있는 것이 너무나 많다.

예를 들어 "지점토로 만든 로봇에 실제로 모터를 달아 움직여보고 싶은데, 어떻게 하면 좋을지 가르쳐주세요"라는 식의 질문을 올린다고 해보자.

"일반인은 어려울 수 있으니 일단 이공계 대학에 들어가 공부하는 게 어때?"라고 답하는 사람도 있겠지만, 누군가는 "아두이노(Arduino)를 사용하면 가능할 거야!"라는 답변을 달아줄 수도 있다.

그러면 여러분은 '아두이노'에 대해 알아볼 것이다. 뭐, 기왕 말이 나온 김에 아두이노를 기억해두자. 인터넷으로 찾아보면 그리 어렵지 않다는 걸 금방 알게 될 것이다. 블록 장난감 수준이다. 설명서는 전부 인터넷에 올라와 있고, 유튜브에도 알기 쉽게 설명해놓은 동영상이 많다. 게다가 간단한 프로그래밍으로 움직일 수 있다.

프로그래밍이라니, 난 그런 거 전혀 모르는데……. 이렇게 걱정하는 사람도 있겠지만, 전혀 그럴 필요가 없다.

이 또한 누군가가 만들어준 프로그래밍이 인터넷에 있으니, 그것을 그저 복사해서 붙여 넣기만 하면 된다.

즉 이런 간단한 과정만 거치면 여러분도 실제 로봇을 만들 수 있다. 게다가 이런 대단한 제품을 아마존에서 5,000원이면 살 수 있다(모터와 케이블을 다 포함한 가격이다).

로봇에 대한 정보 하나만도 이러하니, 앞으로 여러분이 알지 못하는 다양한 문제에 대해 '누군가에게 물어보고, 배우는 능력'을 길러보는 것은 어떨까?

오늘날에는 '원하는 정보를 얻을 수 있는 능력'에 따라 살아가는 방식이 크게 달라진다. 해보고 싶은 일이나 흥미를 느끼는 분야에 대해 내가 가진 정보를 정기적으

로 발행하거나 다른 누군가가 올린 정보에 반응하다 보
면 점점 세상에 알려지지 않은 귀중한 정보가 모인다. 그
중에는 틀림없이 여러분의 호기심과 도전 정신을 자극할
만한 만남도 존재할 것이다.

　물론 관심 있는 분야에 대해 스스로 공부해보려는 노
력도 필요하지만, 인터넷으로 연결된 수많은 사람의 지
혜를 빌리면 더 빠른 지름길을 찾아낼 수 있다.

일단
지금 있는 것으로
해본다

어떤 일을 하기 전에 완벽한 준비를 하고 싶지만
모든 것을 미리 갖추기란 쉽지 않다.
지금 내게 주어진 것만으로 일단 시작해보자.
시작해보아야 비로소 보이는 것들이 있다.

우리 연구소에 놀러 온 한 중학생은 아두이노에 젓가락을 달아 버튼을 누르기만 해도 음식을 집을 수 있는 도구를 만들었다. 그게 다냐고? 그렇다. 하지만 손이 불편한 사람에게는 이런 간단한 것도 훌륭한 도구가 된다.

또 내 친구 중 한 명에게는 거동이 불편해 누워만 지내는 딸이 있다. 그 아이는 선천적 질환 때문에 몸을 거의 움직이지 못하고, 말도 하지 못했다. 나와 내 친구는 그 아이를 위해 가위바위보를 할 수 있는 '손만 있는 로봇'을 만들었다.

로봇이 "가위, 바위……"라고 말하는 사이 아이가 살짝 움직일 수 있는 손가락으로 버튼을 한 번 누르면 바위, 두 번 누르면 가위, 세 번 누르면 보를 낼 수 있는 단순한 구조였다.

하지만 아이는 그 장치를 이용해 학교 친구들과 가위바위보 놀이를 할 수 있게 되었다. 태어나서 처음 해본 가위바위보였다. 그 아이는 몹시 즐거워했고, 흥분했다.

이 장치를 친구가 SNS에 올리자 "나도 갖고 싶다" "판매해달라"라는 의견이 많이 달렸다.

아두이노를 이용하면 누구나 이 정도의 도구는 쉽게 만들 수 있다. 익숙해지면 고작 하루 만에도 가능하다. 골판지 상자나 나무젓가락 등 주위에서 흔히 구할 수 있는 재료만으로도 얼마든지 만들 수 있다.

좀 더 본격적으로 만들고 싶다면 저렴한 3D 프린터를 구입하면 된다.

물론 이런 방식으로 만든 것은 일류 대학이나 대기업이 거액의 자금과 시간을 들여 개발한 최첨단 기술과는 거리가 멀다.

하지만 이러한 노력과 연구를 통해 어제보다 오늘 '한 명의 인간이 할 수 있는 일이 하나라도 더 늘어난다면' 그 발명품 또한 최첨단의 것이다. 가히 자랑할 만한 것이다.

나는 다양한 로봇과 도구를 개발하고 있지만, 발명을 하는 데 중요한 것은 기술이나 도구가 아니다.

중요한 것은 '어떤 대단한 걸 만들 것인가?'가 아니라, '그것을 사용해 무슨 일을 하고 싶은가?'이다.

그 점만 알고 있으면 집에 있는 물건이나 주변에서 쉽게 구할 수 있는 재료만으로도 얼마든지 훌륭한 발명품을 만들 수 있다.

주변에 있는 물건들을 활용해 사소한 발명품을 만드는 재미를 느껴보자.

되고 싶은 것이 아닌, 하고 싶은 일을 찾는다

'이 일이라면 계속할 수 있어.'
평생 하고 싶은 일과
그 일을 함께 좋아해줄 사람들이
나의 삶을 지탱한다.

한 번쯤은 장래 희망에 대해 생각해본 적이 있을 것이다. 야구 선수, 은행원, 유튜버, 애니메이션 성우, 정치가, 패션 디자이너, 아나운서 등 세상에는 다양한 직업이 있지만, 오늘날처럼 사회가 급변하는 시대에는 엄청난 노력을 들여 원하는 직업에 종사하게 되어도 공부한 것과 전혀 다른 업무를 맡거나 아예 그 직업 자체가 사라질 수도 있다.

그렇기에 앞으로는 '되고 싶은 직업'이 아니라, '하고 싶은 일'을 고민하는 것이 더 도움이 될 것이다. 나는 어떤 일을 하고 싶어서 대학에 들어가는 걸까. 나는 어떤 일을 하고 싶어서 ○○가 되고 싶은 걸까, 여러분에게 '난 이런 일을 하고 싶어'라고 확신할 수 있는 무언가가 있다면 선택의 순간에 도움이 될 것이다.

나의 마음이 가장 세차게 요동치는 순간은 언제인가? 내가 만든 요리를 누군가가 맛보았을 때, 내가 그린 그림을 누군가가 칭찬해주었을 때, 시간이 가는 것도 잊은 채무언가를 만드는 데 몰두해 있을 때, 글을 쓰고 있을 때,

수수께끼를 풀 때, 수많은 사람 앞에서 연설할 때, 다른 사람을 웃게 할 때, 다른 사람의 슬픈 사연을 들어줄 때 등등 저마다 다를 것이다. 그런 순간이 언제인지 여러분이 이미 알아차렸다면 더할 나위 없이 좋을 것이다. 하지만 만약 아직 알아차리지 못했다면 시간이 걸려도 괜찮으니 다양한 세계를 두루 접하며 하고 싶은 일을 직접 발견해 보기 바란다.

물론 자신이 하고 싶은 일만 하며 먹고살 만큼 세상은 호락호락하지 않다고 생각할 수도 있다. 확실히 예전에 어른들이 살던 세상은 그랬다. 하지만 오늘날 우리에게는 인터넷이 있다.

여러분이 하고 싶은 일을 꾸준히 하면서 그와 관련된 정보를 공유하다 보면 언젠가는 지구 반대편에서라도 여러분이 만들어내는 매력적인 결과물에 기꺼이 돈을 지불할 사람이 나타날 수 있다.

흔히 사람의 능력은 그 사람이 지닌 힘 그 자체라고 생각하기 쉽지만, 실제로는 '그 사람이 하는 일을 좋아해줄 사람이 얼마나 있는가'로 가늠할 수 있다.

여러분이 꼭 기억했으면 하는 것은, 앞으로 '타인과의 관계 형성'이 무엇보다 중요한 시대가 될 것이라는 점이다. 여러분이 하고 싶은 일을 하며 먹고살려면 다른 사람들이 '이 일은 그 사람이 해주었으면 좋겠는데' '이것은 그 사람이 만들어주었으면 좋겠는데' 하며 여러분을 떠올릴 수 있게 해야 한다.

흔히들 현대는 개인적이고, 합리성만 추구하는 냉정한 사회가 되어가고 있다고 생각하기 쉽다. 하지만 우리는 가격이 저렴한 식당보다는 친구가 운영하는 식당에 가서 밥을 먹는 것을 좋아한다. 집에서 조금 멀어도 친한 미용사가 있는 단골 미용실에 가고, 아플 때도 오랫동안 다닌 동네 병원에 가서 진료를 받고 싶어 한다.

즉 사람들은 자신과 좋은 관계를 맺고 있기만 하면 그 사람이 엄청난 실력을 지니지 못했어도, 전문가가 아니라 단순히 취미로 즐기는 수준에 불과하더라도 그 사람에게 "이번 캠프에 필요한 음식을 네가 만들어 주지 않을래?" "네가 기타를 연주해주었으면 좋겠어"라는 식으로 의뢰할 것이다. 그때 상대방은 전문가 수준의 맛이나 연주를 기대하는 것이 아니다. 그 일을 부탁하고 싶은 상대가 그 사람인 것이다.

취미로 시작한 일을 많은 사람이 좋아하고 칭찬해주다 보면 실력도 점차 늘고, 수입도 조금씩 생겨날 것이다. 이런 식으로 나와 마음이 잘 맞는 사람들을 찾아내고, 그 사람들과 함께 살아가는 것을 삶의 목표로 삼았으면 한다. 오늘날에는 인터넷을 통해 정보를 공유하는 과정에서 마음이 통하는 사람을 찾을 수 있다. 자원봉사나 인턴 활동, 온라인 게임 동호회 등 새로운 사람들과 만날 수 있는 자리도 많다.

'나를 찾는 여행'이란 내가 하는 일을 좋아해줄 사람을 찾는 여행이기도 하다. 그리고 그러한 사람들과의 인연을 무리하지 않는 선에서 조금씩 넓혀가다 보면 언젠가 많은 사람이 나의 직업이 아닌 '나 자신'을 필요로 하게 되는 날이 올 것이다.

그것은 아무리 시대가 변해도 타인이나 인공지능 등으로 대체할 수 없는 여러분만이 지닌 가치이다.

'도망간다'는 선택지를 남겨둔다

누가 뭐라 하든 간에
꼭 지켜야 하는 것은
나의 마음이다.
마음이 산산이 부서질 때는
편히 쉴 수 있는 피난처로 도망가버리자.

어린 시절 나는 등교 거부를 하며 한참 동안 집에 틀어박힌 적이 있다.

선천적으로 몸이 약했던 나는 초등학교 5학년 때 한동안 병원에 입원해 있느라 학교를 쉬었는데, 그때부터 갑자기 학교 공부도 따라가기 힘들고 반 친구들의 대화에도 낄 수 없게 되어 스트레스가 심해졌고, 학교에 가는 것이 너무 힘들었다.

그때부터 3년 반 동안 무언가를 열심히 하려 들 때마다 복통이 밀려와 이불 속에서 몸을 잔뜩 웅크린 채 지내곤 했다.

경험해본 사람은 알겠지만, '고독의 악순환'에 한번 빠져버리면 좀처럼 헤어 나올 수가 없다.

남과 비교할 수 없을 만큼 자기 자신이 초라하게 느껴지고, 그 누구도 자신을 필요로 하지 않는다는 생각이 점점 더 커진다.

남들이 나에게 베푼 친절에도 고맙다는 인사조차 할 수 없고, 그들과 대조되는 자신의 무력한 모습에 더욱더 우울해진다.

다른 사람과 나를 비교할까 봐 자꾸만 남의 시선을 피하게 되고, 그러다 보면 나중에는 말조차 제대로 할 수가 없다.

생각나는 어휘가 점점 줄어들고, 급기야 살아 있는 것 자체가 민폐라는 생각이 들기 시작한다.

가족의 얼굴을 볼 때마다, 걱정해주는 선생님이나 친구들의 목소리를 들을 때마다 얼른 예전의 삶으로 돌아가야 한다는 생각에 초조해진다. 하지만 좀처럼 계기를 마련할 수 없다. 그런 상태가 끊임없이 반복되다 보면 어느 사이엔가 그런 상태가 당연하게 느껴져 위기감조차 흐릿해지기 시작한다. 나는 이러한 과정을 '고독의 악순환'이라 부른다.

나처럼 예민한 사람에게만 이런 일이 생기는 것일까?

그렇지 않다. 누구든 그렇게 될 수 있다. 나도 '설마 내가 그럴 리가……'라고 생각했다.

자신이 고독해지는 상황을 미리 대비하는 사람은 드물다.

혼자이기에 고독한 것이 아니라, 어딘가에 속해 있어도 그 세계의 흐름을 따라가지 못해 자신이 설 자리가 없다고 느끼는 사람이 많다. 하지만 고독의 악순환에 빠져본 사람으로서 이것만큼은 꼭 말해주고 싶다.

인간이 고독해지는 것은 그 사람이 나약해서가 아니다. 그 사람의 마음과 그가 처한 환경이 맞지 않는 것뿐이다.

학교나 사회는 다양한 사람이 모이는 곳이다 보니 운이 나쁘면 당연히 나와 맞지 않는 사람을 만날 수도 있다. 나와 맞지 않는 세계에서는 아무리 애써봤자 행복해지지 않는다. 묵묵히 참고 견디면 언젠가는 좋은 날이 올 것이라고 말하는 대신 '빨리 도망간다'라는 선택지를 꼭 준비해야 한다. 여러분을 무시하고 부정하기만 하는 세계는 무언가를 해보고 싶은 호기심과 무언가를 하고 싶은 의욕을 앗아가기 때문이다.

그 당시의 나는 학교에 가지 못하는 것이 괴로웠다. 남들이 할 수 있는 일을 나는 하지 못했다. 학교에 가서도 양

호실에만 숨어 있었고, 공부도 체육도 잘하지 못했다. 유일하게 할 수 있던 것이 종이접기였기에 나는 혼자만의 세상에 틀어박혀 줄곧 종이접기만 했다.

하지만 훗날 내 종이접기 실력을 보고 "너, 천재구나"라고 칭찬해주는 사람을 만났고, 그 말이 너무 좋아서 나만의 새로운 종이접기에 몰두한 결과, 내가 머무를 수 있는 새로운 장소를 발견하게 되었다.

기대 없이
가볍게
도전해본다

가장 자신 있는 일로
다른 사람과 승부를 겨루려면 상당한 용기가 필요하다.
하지만 져도 괜찮다는 가벼운 마음이라면
기꺼이 도전할 수 있다.

잠을 자거나 종이접기를 하거나.

학교에 가길 거부하며 하루하루를 지내던 나는 "종이접기를 잘하는 사람은 로봇도 만들 수 있단다"라는 어머니의 궤변에 넘어가 '곤충형 로봇 경기 대회'라는 지역 대회에 참가하게 되었다.

그 대회는 시중에서 판매하는 곤충형 로봇을 직접 개조해 골인 지점까지 달리게 하는 기록경기였다.

학교조차 가지 못하던 내가 어떻게 그런 대회에 나갈 마음을 먹었던 것일까.

아마도 '전혀 기대하지 않았기' 때문일 것이다. 만약 그게 종이접기 대회였다면 나는 절대로 참가하지 못했을 것이다.

나에게는 오직 이것밖에 없다고 생각하는 세계에서 혹시 나보다 더 뛰어난 사람을 발견한다면 내 존재 가치가 사라져버릴 테니까.

게다가 아는 사람을 만나는 것보다는 차라리 아는 사람 없는 낯선 곳에 간다는 게 의외로 마음이 편했다.

그렇게 부담 없이 참가한 덕분인지 그 로봇 대회에서

나는 우승을 했다. 정말로 운이 좋았던 것뿐이지만, 그 덕분에 이듬해 여러 로봇 대회 우승자들이 참가하는 지역 규모의 대회까지 나갈 수 있었다. 친구가 없던 나는 오로지 로봇 개조에만 전념했고, 이 대회에서 준우승을 했다.

당시 열세 살이던 나는 태어나서 처음으로 노력한 만큼 결과를 냈다는 성취감과 우승을 놓친 아쉬움을 동시에 맛보았다.

특히 그날의 경험은 나에게 좋은 인연을 만들어주는 계기가 되었다.

대회가 열린 장소에는 다양한 로봇이 전시되어 있었다. 그중 움직이는 거대한 로봇 하나가 내게 강렬한 인상을 남겼다. 나는 곤충형 로봇을 내 뜻대로 달리게 하는 것조차 어려웠는데, 그 거대한 로봇은 외발자전거의 페달을 밟고 있었다.

대회에서 받은 팸플릿에 그 로봇을 만든 사람의 정보가 나와 있었다.

그 로봇을 만든 사람은 구보타 겐지(久保田憲司), 공업고등학교에서 교사로 재직 중이었다. 나는 그 공업고등학교에 가고 싶어졌다.

그 선생님의 제자가 되어 언젠가 선생님이 만든 그런 로봇을 내가 직접 만들어보고 싶었다.

살면서 처음으로 동경하는 사람이 생긴 것이었다.

요즘의 나는 로봇을 개발하는 것이 일상이다.

그렇다 보니 이과 과목을 잘하는 똑똑한 사람이라는 오해를 사곤 하는데, 결코 그렇지 않다. 나는 원래 남들보다 기억력이 떨어져서 다른 사람의 얼굴이나 이름조차 잘 기억하지 못하며, 외우고 있는 물리 공식이나 수학 공식도 전혀 없다. 등교 거부를 했던 중학교 시절에 내 성적은 주요 다섯 과목의 점수를 다 합쳐도 100점이 되지 않았다. 특정 과목을 싫어한 것이 아니라, 학교에서 억지로 해야만 하는 공부가 그냥 다 싫었다.

그렇지만 스승으로 삼고 싶은 선생님이 있는 공업고등학교에 진학하려면 중학교 3년 과정을 반년 만에 해치워

야만 했다. 어떻게든 할 수밖에 없었다.

하기 싫은 것을 어떻게든 참고 해야 하는 상황과 학업 스트레스로 복통에 시달릴 때도 있었지만, 그럴 때는 잠시 내가 좋아하는 만들기를 하며 마음을 안정시킨 뒤 다시 공부를 시작했다.

입시 공부는 정말 하기 싫었지만, 선생님을 향한 동경과 공업고등학교에 진학하고 싶다는 목표가 있어 나 자신을 움직일 수 있었다.

때때로 사소한 사건이 우리 인생을 크게 바꿔놓는다.

내가 별 기대도 하지 않고 참가했던 그 로봇 대회에 만약 가지 않았더라면, 그곳에서 구보타 선생님이 만든 로봇을 보고 감동하지 않았더라면, 어쩌면 나는 종일 방 천장만 하염없이 바라보던 그때의 생활에서 벗어나지 못한 채 지금도 여전히 그렇게 살고 있을지 모른다.

남들과
다르다는 사실을
시원하게 인정한다

누구나 할 수 있는 일을 하지 못하는 사람도 있다.
당연한 일을 잘 못하더라도
나만의 일을 꾸준히 할 수 있다면
그것이야말로 정말 대단한 일이다.

여러분은 자신이 남과 다르다고 느껴질 때가 있는지.

남들과 다르다는 이유로 부끄러워하거나 고민해본 적이 있는지.

나는 집단이나 사람과 잘 섞이지 못해 고민해본 적이 있다. 집 밖으로 나가지 않던 시기에는 다른 무엇보다 주변의 시선이 가장 신경 쓰였다. 남들의 대화에 끼려고 해도 자꾸 겉돌기만 했고, 남들이 웃거나 수군대는 소리가 전부 나를 향한 것처럼 느껴졌다.

하지만 등교 거부를 중단하고 학교에 복귀하기로 했을 때, 이제 '나를 남과 비교하지 않겠다'고 단단히 결심했다.

그리고 내 삶을 어떻게 살아갈 것인지 결정한 열일곱 살 이후로는 남들과 다르다는 점에 대해 더 이상 고민하지 않기로 마음먹었다. 남들과 똑같이 행동하는 것이 반드시 정답은 아니었다.

그렇게 해야 내가 더 편해지는 것도 아니었다. 다른 사람의 장점을 배우는 것은 좋지만, 나에게 맞지 않는 부분이 있다면 나에게 맞는 더 나은 방법을 찾는 것이 낫다고 생각했다.

현재 나는 기본적으로 1일 1식을 하고 있다. 잠도 거의 연구소에서 자며, 집에는 사나흘에 한 번 들어간다. 도쿄에 온 지 14년이 되었지만, 지금 지내고 있는 집도 매우 저렴한 곳이어서 집세가 한 달에 60만 원이 넘는 집에는 살아본 적이 없다. 나에게 집은 중요하지 않으니까.

직접 디자인한 검은색 가운을 꾸준히 입고 다닌 덕분에 이제는 무슨 옷을 입고 나가야 할지 고민할 일도 없다. 머리카락도 샤워하고 나면 마를 때까지 그대로 둔다(헤어드라이어나 고데기는 개발용 플라스틱을 구부릴 때만 쓴다).

욕심도 거의 없는 편이라 무언가를 수집하지도 않으며, 오토바이나 자동차에도 별로 관심이 없다. 음악이나 춤·공연도 즐기지 않으며, 오래 앉아 있는 게 힘들어 영화관에도 가지 않는다. 영화는 사무실에서 왼쪽 눈으로 캐드(CAD, 컴퓨터를 이용해 각종 설계를 수행하는 시스템—역주) 도면을 살피면서 오른쪽 눈으로 보는 정도면 충분하다. 스포츠 경기에 대해서도 아마 죽는 날까지 규칙조차 알지 못할 것이다. 텔레비전도 지인이나 내가 출연하는 프로그램 외에는 보지 않는다.

그런 생활을 하다 보면 남들이 나보다 세 배는 더 바쁘게 사는 것처럼 느껴진다. 아침마다 씻고 나갈 준비를 하고, 일을 마치면 집에 돌아가고, 삼시 세끼를 꼬박꼬박 챙겨 먹고, 방 구조나 인테리어를 바꾸고, 새 옷이나 신발을 사고……. 그런 모습을 보고 있자면 '정말 부지런하네' 하며 순수하게 감탄하곤 한다.

이렇게 살다 보니 지인들한테 가끔 "제발 사람답게 좀 살아"라는 말을 듣기는 한다. 그들 눈에는 이런 내 모습이 요즘 사람답지 않게 비칠 수 있겠지만, 나는 꽤 나답게 생활하고 있다.

내가 해야 하는 일에 내 전 재산과 에너지를 쏟아붓고 있는 이런 생활이 방 안에만 틀어박혀 지냈던 예전의 나에게는 정말 꿈만 같은 일이고, 내 성격과도 잘 맞는다.

세상에는 아마 나처럼 남들이 즐기는 일을 즐기지 않는 사람이 틀림없이 있을 것이다.

철이 들 무렵부터 내 성향은 주변의 가치관과 잘 맞지

않았다. 나는 평범한 것에서 행복을 느끼지 못했고, 남들과 똑같이 행동하는 것을 잘 참지 못했다.

어쩌면 잘못된 시대나 종족 사이에 태어났다고 느끼는 나 같은 사람이 더 많을지도 모르겠다. 세상 사람들은 악의 없이 그저 잘되라는 순수한 마음으로 동조와 인내를 강요한다.

하지만 주변 사람들의 가치관과 맞지 않더라도 불필요한 체면이나 기대 혹은 이러이러해야 한다는 식의 고정관념에 얽매이지 말고, 나를 아껴주는 동료들 그리고 나의 의견과 가치관을 존중하며 살자. 그것만으로도 인생은 충분하다 못해 넘치니까.

남들과 다른 것은 나쁜 게 아니다. 오히려 남들과 다른 관점을 지닌 게 강점이 될 수 있다. '하지 못하는 일이 있다'는 것 또한 자신의 무기가 될 수 있다.

나 같은 경우는 남들이 "중학생이나 되어서 종이접기라니 창피하지도 않냐?"라고 아무리 비웃어도 내가 좋아한 그 일을 꾸준히 해왔다. 그 덕분에 종이접기가 나중에 상품 개발 분야를 선택하는 계기가 되었고, 해외에 나가서도 친구를 사귈 때 큰 도움이 되었다. 또 고등학교 시절에는 이러한 특기를 살려 장애인 특수학교에 자원봉사를 다녔고, 그때의 경험 덕분에 훗날 복지 기기를 연구하게 되었다.

어떤 일을 하다 보면 "나중에 어른이 되어서 해"라든가 "아직 어린데 뭐 하러 그런 일을 해?"라는 말을 들을 때도 있지만, 흥미가 생긴 일은 당장 해보는 게 좋다. 어릴 때 하지 않고 미루어두었다가 어른이 된 후에 흥미를 잃어버릴 수도 있으니 말이다. 과거와 현재와 미래의 자신은 닮은 점이 많은 다른 사람이다.

남들과 다른 점 때문에 주변 사람들에게 민폐를 끼칠 수도 있다. 하지만 다른 사람에게 상처를 주지 않는 한 약간의 민폐는 서로서로 넘어가 주자. 나도 한여름에 검은색 가운 차림으로 다니다 보니 "제발 좀 벗어. 보기만 해도 내가 다 덥다"라는 말을 들을 때가 있는데, 그런 말 정도는 가볍게 무시해버린다.

살면서 나를 남과 비교할 필요는 없다. 내 인생, 내가 하고 싶은 일에 집중하자.

나의 하루하루는 지금 나만이 할 수 있는 일들로 가득하니까.

2
교시

The place that you can find your passion

일단
그냥 한번
해본다

시작하는 것이 먼저, 공부는 나중에 해도 된다

무언가에 몰두할 수 있는 시간은 흔치 않다.
다른 무엇보다 그 시간을 최우선으로 하자.
착실한 공부보다 정신없이 몰두했던 시간이
결과적으로는 더 도움이 된다

공업고등학교에 입학했을 때 나를 비롯한 모든 학생들에게 학습 교재로 '포켓 컴퓨터'가 주어졌다.

　　포켓 컴퓨터는 그 당시 공업고등학교에서 사용하던 휴대용 소형 컴퓨터로, 키보드가 들어간 전자계산기처럼 생긴 기계였다. 작은 흑백 화면이 달려 있고, C언어와 베이식(BASIC) 언어 등을 입력할 수 있었다. 지금 생각해보면 사양도 턱없이 낮고, 저장 가능한 데이터도 30킬로바이트에 불과했다. 하지만 나는 이 교재에 푹 빠져버렸다.

　　친구를 사귀는 데 서툴렀던 나는 쉬는 시간에 포켓 컴퓨터로 게임을 만들었다. 가공의 캐릭터를 싸우게 하는 육성 게임 같은 것이었다.

　　내가 들어간 공업고등학교는 입학 전에 내가 상상한 분위기와 달리, 의외로 거친 운동부 스타일의 학생들이 대부분이었고, 나 같은 오타쿠는 소수에 불과했다. 툭하면 학생들끼리 혹은 학생과 교사 사이에 충돌이 일어나곤 했다. 그야말로 지혜가 아닌 힘이 지배하는 곳이었다. 체육 선생님은 바리캉을 들고 다니다가 행동이 불량한 학생을 발견하면 복도에서 바로 머리를 빡빡 밀어버렸다. 요즘 시대라면 문제가 되겠지만, 그 당시 우리 학교에서는 그게 당연한 일이었다. 한 학년의 절반 정도가 선생님에게 머리를 밀리곤 하던 그런 세상에서 나는 어딘지 모르게 겉돌았고, 다른 학생들과 도저히 친해질 수 없을 것만 같았다. 그런데 어느 날, 갑자기 누군가가 내게 말을 걸어왔다. "야, 이거 네가 만들었냐?"

포켓 컴퓨터는 케이블을 연결해 서로 데이터를 주고받을 수 있었다. 게다가 학습 교재였던 포켓 컴퓨터는 수업 중 책상 위에 꺼내놓아도 혼나지 않았다. 즉 선생님에게 들키지 않고 할 수 있는 게임기였다

나를 비롯한 몇몇 아이는 수업 중에 선생님의 눈을 피해 캐릭터를 키웠고, 쉬는 시간이 되면 통신 기능을 이용해 배틀을 벌였다. 그러자 반 아이들이 내게 다가와 게임 공략법을 묻기 시작했고, 버그를 발견하면 알려주기도 했다. 열심히 키운 캐릭터가 대결에 져서 죽어버린 아이들과는 캐릭터를 부활시키는 코드와 매점에서 파는 빵을 바꾸기도 했다.

또 누군가가 메모리에 손을 대서 편법으로 캐릭터를 강하게 만들면 이를 탐지해서 해당 캐릭터에 버그를 발생시키는 코드를 추가하고, 다른 누군가가 그 코드를 깨는 툴을 배포하면 이번에는 그 툴을 탐지해 게임을 초기화시켜버리는 코드를 짜는 식으로 즐거운 공방을 벌이기도 했다.

내가 생각해낸 아이디어를 누군가가 이용한다는 것도 물론 즐거웠지만, 그때는 어떻게 하면 선생님에게 들키지 않고 친구들과 수업 중에 놀 수 있을지 궁리하는 그 자체가 훨씬 더 신이 났다.

포켓 컴퓨터를 쓸데없이 자주 만지작거렸다가는 선생님에게 들킬 수 있으므로 책상 밑에 연결해 발로 누를 수 있는 컨트롤러를 만들어 아이들에게 나눠주기도 했고, 초음파 센서를 연결해 발의 자연스러운 움직임만으로 조작 가능한 슈팅 게임을 만들기도 했다.

그러다 보니 공부를 싫어하던 학생들이 수업 중에 다들 진지한 표정으로 포켓 컴퓨터만 바라보게 되었다. 이를 수상하게 여긴 어느 선생님이 학생 한 명을 추궁했다.

드디어 선생님이 눈치를 채고 만 것이다. 그때는 우리 반 아이들 대부분이 진지한 표정으로 게임을 하고 있었다. 심지어 다른 반이나 다른 학년의 학생들까지도 전부 내가 만든 게임을 했다.

그렇게 나는 교무실로 불려갔다. 지도 선생님은 포켓 컴퓨터를 내밀며 "이걸 만든 게 너 맞지?"라고 물으셨다. 화면에 'Made by Yoshifuji'라는 크레디트가 당당하게 떠 있으니 아니라고 잡아뗄 수도 없었다.

"저는 어떤 처벌을 받게 되나요?"

나도 머리를 빡빡 밀리는 건가? 아니면 화장실 청소나 반성문 정도는 각오하고 있었다.

그런데 돌아온 답변은 의외였다.

"대단하네!"

지도 선생님은 "3학년 학생 중에도 이렇게까지 만들 수 있는 녀석은 없어. 너 말이야, 컴퓨터를 한번 제대로 배워보지 않겠니?"라고 하시며 내게 정보처리기사 시험용 참고서를 주셨다.

그때 나는 내가 어느 틈엔가 무언가를 잘하게 되었다는 사실에 놀라고 말았다.

프로그래밍을 하는 사람이라고 하면 보통 '이과 과목을 잘하고, 컴퓨터를 잘 다루는 사람'이라는 이미지가 있기 마련이다. 그런데 그 당시의 나는 USB라는 단어조차 알지 못했고, 키보드를 보지 않고서는 타이핑도 제대로 못했으며, 무엇보다 컴퓨터나 휴대전화조차 없었다.

그 후 초급 시스템 관리자 시험에 합격했다. 나중에 알게 된 사실이지만, 당시 이 시험은 대개 1~2년 차 직장인이 취득하는 시험이었다.

그동안 나는 스스로 '공부를 못하는 사람'이라 생각했는데, 그때의 일을 계기로 사람은 진심으로 즐기는 일을 발견하면, 관련된 지식을 자연스레 흡수한다는 사실을 깨달았다.

그 일을 경험하고 나서부터 나는 어떤 일이 즐거워지면 재미뿐만 아니라, 큰 수고를 들이지 않아도 지식이나 경험을 쌓는 기회가 된다고 받아들이게 되었다.

'원래 그런 거야'에
넘어가지 않는다

"원래 그런 거야"라는 말을 들으면

엇! 하고 각성해야 한다.

그 말을 한 사람은 이미 포기한 사람이기 때문이다.

생각을 멈추지 말고 계속 고민하자.

로봇 대회에서 우승한 학생, 그리고 자신에게 가르침을 받고 싶어 일부러 이 학교에 들어온 학생.

그런 이유로 구보타 선생님은 '과연 어떤 학생일까?'하고 내게 기대를 품으셨던 모양이다. 하지만 나는 당시 아는 게 거의 없었기 때문에 선생님은 그런 나를 보고 상당히 당혹해하셨다.

무언가를 가르쳐보려고 해도 어디서부터 시작해야 할지 알 수가 없었던 것이다. 선생님은 일단 "포켓 컴퓨터를 한번 해보려무나" 하며 내게 권했고, 나는 선생님이 상상한 것 이상으로 포켓 컴퓨터에 빠져들었다.

그 후, 내가 종이접기를 잘한다는 사실을 알게 된 선생님은 내게 장애인 특수학교 자원봉사로 종이접기를 가르쳐보라고 권하셨다.

장애인 특수학교에는 내가 이제껏 만나본 적 없는 또래 아이가 많았다. 마냥 웃기만 하는 아이, 말을 제대로 못하는 아이가 있는 반면, 얼핏 보기에 장애가 있다고는 믿기지 않는 아이도 있었다. 그리고 그곳 아이들은 대부분 휠체어를 타고 있었다.

아이들에게 종이접기를 가르치며 친해진 어느 날, 나는 아이들과 근처에 있는 패밀리 레스토랑에 가기 위해 한 아이의 휠체어를 밀며 학교 밖으로 나갔다. 그때 '휠체어를 미는 것이 이렇게나 힘든 일이었나?' 싶어 적잖이 놀랐다.

초등학생 때 휠체어를 타고 놀다가 선생님에게 혼난 적이 있지만, 그때는 어디까지나 학교 안에서만 탔을 뿐 바깥에 나와 휠체어를 밀어본 것은 처음이었다.

그때까지만 해도 나는 휠체어란 그저 다리나 신체를 움직이지 못하는 사람이 다리 대신 사용하는 것이라고 단순하게 생각했다. 하지만 실제로 경험해보니 휠체어를 사용하면서 겪는 변화는 그리 단순한 수준이 아니었다. 시선이 남들보다 낮아졌고, 장애물에도 자주 부딪쳤으며, 흔들림이나 진동도 심했다.

차도와 인도를 구분하는 몇 센티미터에 불과한 얕은 턱조차 오를 수가 없었다.

일반적인 인도에서 휠체어를 밀다 보면 대개 차체가 한쪽으로 기울어버린다. 또 인도에서 차도로 내려갈 때는 무게만큼 가속도가 붙기 때문에 휠체어가 차도를 침범하는 아찔한 일도 생겼다.

"역시 휠체어를 타고 다니는 건 보통 힘든 일이 아니네요." 식사를 하며 내가 느낀 점을 이야기했다. 그러자 휠체어를 탄 아이들과 선생님들은 포기한 듯한 표정으로 말했다.

"이젠 익숙해요."

"어쩔 수 없지요, 뭐. 원래 그런 거니까."

나는 그말에 엄청난 거부감이 느껴졌다.

휠체어를 타는 많은 사람이 얼마 높지도 않은 턱조차 넘지 못하는데, 그것을 그저 원래 그런 거라고 순순히 받아들이고 포기할 수밖에 없는 건가?

게다가 자동차나 의자와 달리 휠체어에 대해서는 그 누구도 디자인적 측면을 고려하지 않았다.

안경이 그렇듯이 누구나 갖고 싶어 하고, 타고 싶어 하는 그런 휠체어가 있으면 좋겠다는 생각이 들었다.

'이 정도면 되겠지' 싶을 때, 한 번 더 고민한다

사람들을 깜짝 놀라게 하자.

사람들의 입에서

"뭘 그렇게까지 해" "우아, 이렇게 멋진게 될줄 몰랐어!"

하는 말이 나오게 하자.

"기왕 할 거면, 사람들이 뭘 그렇게까지 하냐고 말할 정도까지 해야지. 튀어나온 못이 얻어맞는다고 하지만, 너무 튀어나와버리면 때리지도 못해."

이 말은 구보타 선생님이 종종 내게 하셨던 말씀이다.

공업고등학교는 내게 참 흥미로운 곳이었다.

용접기나 선반(旋盤)을 비롯한 공업용 기계를 마음껏 쓸 수 있었다. 판금을 자르는 절단기, 연마제를 분사하는 샌드블라스트 장비, 밀링 커터를 회전시켜 평면·홈·톱니 등을 가공하는 밀링 머신 외에도 구멍 뚫기나 나사 치기 같은 작업을 자동으로 해주는 수십억 원짜리 머시닝 센터도 있었다.

3D 프린터가 없던 시절이지만, 만들고 싶은 것이 생기면 아침부터 밤까지 종일 작업할 수 있어 즐거웠다. 어찌나 푹 빠졌던지 아침 6시 반에 전철을 타고 학교에 가서 밤 10시 50분까지 작업에 몰두하다가 11시 5분에 마지막 전철을 타고 집에 돌아와 자고 다음 날 다시 학교에 가는 생활을 반복했다.

그런 축복받은 환경에서 지내던 내게 구보타 선생님은 어느 날 "고3 선배들이 졸업 작품으로 이런 것을 만들 거란다"라며 설계도를 보여주셨다. 그것은 로봇이 앉도록 설계한 타이어 달린 의자, 즉 전동 휠체어였다. 이제껏 한 번도 본 적이 없을 만큼 멋진 디자인의 휠체어였다. 단순히 디자인만 멋진 게 아니라 주행도 쾌적하고 안전하게 할 수 있었다. 나는 구보타 선생님에게 그 휠체어 개발에 참여할 수 있게 해달라고 부탁했다.

우리가 만들려 한 것은 자이로스코프 센서를 탑재해 차체가 균형을 잃으면 한쪽 타이어는 내려가고 반대쪽 타이어는 올라가 수평을 유지하는 휠체어였다. 단순한 전동 휠체어가 아닌 '전자두뇌 휠체어'였다. 디자인은 스포츠카 같은 유선형이었다.

그런 대단한 휠체어를 어떻게 만들어야 할지 처음에는 막막했다. 하지만 구보타 선생님은 파이프를 구부려 용접하거나, 스티로폼을 깎거나 석고로 틀을 만들거나 하면서 고등학교에 있는 한정된 설비로도 충분히 만들 수 있다는 것을 보여주셨다. 그리고 설계도를 그린 지 반년 만에 그 꿈은 현실이 되었다.

마치 마법 같았다.

드디어 우리가 완성한 그 휠체어는 분홍색으로 유광
코팅한 곡선형 차체에 헤드라이트와 사이드미러, 방향지
시등에 범퍼까지 달린 전륜구동 삼륜차였다. 게다가 자
이로스코프 센서가 기울기를 감지해 자동으로 수평 상태
를 유지하는 장치도 있었다.

구보타 선생님이 설계도를 보여주신 덕분에 선배들과
함께 만들 수 있었던 그 휠체어는 '기왕 만드는 김에 진짜
제대로 만든' 휠체어였다.

한 사람의 머릿속에 떠오른 이미지가 설계도로 변했
고, 여기에 나와 선배들이 갖가지 의견을 보태 함께 작업
한 끝에 이제껏 그 누구도 본 적 없는 대단한 휠체어를 완
성한 것이었다.

나는 이 휠체어를 만드는 동안 몇 번인가 "이제 이 정도

면 되지 않을까요?"라고 물었다가 선생님께 꾸중을 듣기도 했다. 선생님은 기왕 할 거면 제대로 해야 한다고 거듭 말씀하셨고, 실제로도 그런 모습을 보여 주셨다.

'이 정도면 되겠지'라는 생각을 한번 해버리면 다음에도 그런 생각이 쉽게 들어 그렇게 점차 자신과 타협하게 된다.

그 시점에 만족하지 않고 한 번 더 고민하고 살펴봐야만 다음부터 그게 '당연한 것'이 되고, 그런 식으로 계속 한 번 더 고민하고 살펴볼 수 있어야 갈수록 실력이 향상되는 법이다.

구보타 선생님은 늘 "기왕 할 거면 제대로 해. 마지막에

는 결국 그런 녀석이 이긴다"고 말씀하셨다. 나는 고등학교를 졸업한 후에도 선생님의 가르침 대로 그 무엇과도 타협하지 않고 끝까지 노력한 대회에서 모조리 우승을 차지했다.

이런 타협하지 않는 노력은 그야말로 나 자신과의 싸움이다. 비록 고생은 했지만, 제대로 하는 것이 무엇인지 배운 그때의 경험이 지금 나에게 큰 자산이 되었다.

Lesson

14

왜 하고 있는지를
생각한다

나는 왜 이 일을 하고 있는가.
결국 나의 삶을 어디에 바치고 싶은지
생각해본다.

고등학생 때 나는 세상이 비교적 완벽하게 만들어져 있다고 생각했다.

나를 제외한 다른 사람은 어른들이 일구어놓은 나라에서 비교적 자유롭게 살고 있으며, 내가 툭하면 주의를 받거나 냉대와 무시를 당하는 까닭은 내가 다른 사람보다 능력이 부족하고 덜떨어졌으며 내 생각이 틀렸기 때문이라고 착각했다.

그런 내가 유일하게 할 수 있던 일이 바로 만들기였다. 그래서 나는 언젠가 동네에 있는 작은 공장에 취직해 자동차나 오토바이라도 개조하며 기술자로 살아가지 않을까 막연히 생각했다. 그런 삶도 나름대로 즐거울 것 같고, 한때 그런 삶을 동경하기도 했다.

고등학교 2학년이 된 나는 졸업한 선배들의 연구를 물려받아 휠체어를 한층 더 발전시키는 개량 작업을 시작했다. 구보타 선생님과 함께 만든 수평 제어장치를 이용해 한쪽 바퀴씩 턱을 오를 수 있는 타이어 휠을 연구했다.

여름방학이 되자 구보타 선생님이 "기왕 휠체어를 만

드는 김에 대회에 나가 발표하는 게 어떻겠냐"고 이야기를 꺼내셨다. 선생님이 말씀하신 것은 고교 과학기술 경진대회(Japan Science & Engineering Challenge, JSEC)라는 자유연구 대회였다.

여러분이 만약 '무언가를 만들거나 연구하는 것'을 좋아하는 고등학생 이하의 학생이라면 꼭 한번 고교 과학기술 경진대회에 참가하는 걸 고려해보기 바란다. 적어도 나에게 이 대회는 내가 상상조차 하지 못한 세상으로 나아갈 수 있는 발판을 마련해주었다.

이 대회에서 나는 노벨 물리학상 수상자 고시바 마사토시(小柴昌俊) 교수님과 훗날 나를 와세다대학으로 불러주신 하시모토 슈지(橋本周司) 교수님 같은 전문가를 만날 수 있었다. 그때까지 내 주위에는 누구 하나 나를 인정해주는 사람이 없었지만, 과학계의 위대한 대선배님들이 내가 만든 휠체어를 칭찬해주었다.

그리고 기적 같은 일이 일어났다. 바로 그 대회에서 유력한 우승 후보팀과 우수한 학생들을 모두 제치고 우승해 세계 대회인 인텔 국제 과학기술 경진대회(Intel International Science and Engineering Fair, ISEF)의 출전권을 따 낸 것이다. 그로부터 반년간 나는 서툰 영어를 필사적으로 로 공부해가며 프레젠테이션에 대비한 맹훈련을 마친 뒤, 미국 애리조나주로 향했다. 전 세계 40여 개국에서 각 국을 대표하는 고등학생 1,500여 명이 참가해 일주일 동 안 펼친 국제 대회에서 우리의 연구는 팀 엔지니어링 부 문 3위에 올랐다.

대회 마지막 날 열린 시상식에서 나의 이름이 호명된 순간에는 너무나 뿌듯했다. 팀원들과 단상에 올라가 박 수갈채를 받으며 메달을 목에 걸었다.

하지만 그때 내 마음속에 자리한 것은 '이게 아니야'하 는 강렬한 거부감이었다.

대회 전날의 일이었다. 이 ISEF 대회 중에는 참가자들 의 교류를 위한 대규모 파티가 여러 번 열렸다. 일본에서 는 과학자라고 하면 수수한 복장을 한 오타쿠 같은 이미지 를 떠올리지만, 그곳에서는 과학자 모두가 즐겁게 춤을 추는 댄스파티가 열렸다. 객석에서 폭소가 터져 나오는 재미 있는 강연을 하는가 하면, 파릇파릇한 젊은 과학자들과 베 테랑 대학교수가 의견을 주고받는 토론의 장이 펼쳐지기 도 했다.

대회의 압도적인 규모 역시 내가 가졌던 기존의 상식 을 완전히 깨부수었다. 초·중학교 시절에는 등교조차 제 대로 하지 못했는데, 그런 내가 이런 대회에 참가하다니 마치 꿈을 꾸는 것만 같았다. 같은 테이블에 앉아 있던 학 생들에게 종이접기를 보여주었더니 순식간에 내 주위로 사람들이 몰려들었다. 어느 프랑스 물리학자는 여러 개 의 종이접기를 부품처럼 조합해서 만드는 '유닛 종이접 기'에 큰 관심을 보였다.

항상 "고등학생이나 되어서 종이접기라니 부끄럽지도 않냐?"라는 말을 들었는데, 종이접기에 관심을 보이는 이 들의 반응이 신기하기만 했다.

그렇게 시간을 보내던 중 어느 참가자 한 명이 갑자기 이런 말을 꺼냈다.

"내 연구는 내 인생 그 자체야. 내가 이 세상에 태어난

건 이 연구를 하기 위해서였을 거야."

순간, 나는 내가 잘못 알아들었나 싶었다. 영어를 잘하는 다른 스태프에게 다시 물어 확인해볼 정도로 깜짝 놀랐다.

그는 자신만만한 표정으로 다시 이렇게 말했다.

"나는 죽을 때까지 이 연구를 계속하고 싶어."

나와 비슷한 또래인 열여섯, 혹은 열일곱 정도로 보이는 인간이, 자기는 연구하기 위해 태어났다고 확신에 찬 어조로 말하다니. 게다가 그 연구를 위해 남은 인생마저 바치겠다는 선언까지 했다.

처음 그 말을 들었을 때 나는 솔직히 좀 과하다는 생각이 들었다. 아직 어린데 그런 말을 하기는 조금 이르지 않나 싶기도 했다.

그때 문득 '나는 어떻지?'라는 생각이 들었다. 비록 휠체어를 만들기는 했지만, 누군가 "너, 죽을 때까지 평생 휠체어를 연구하고 싶어?"라고 묻는다면 과연 그러고 싶다고 바로 대답할 수 있을까.

적어도 죽을 때까지 평생 하고 싶은 일은 아니었다.

우리는 일본인으로서는 팀 엔지니어링 부문 3위라는 최고의 성적을 거두었지만, 시상식 단상에 오른 그 순간 나는 어색하고 불편한 마음이 들었다.

예상대로라면 단상에서 내려오자마자 선생님에게 달려가 수상의 기쁨을 함께 나눴어야 했다. 하지만 나는 차마 그러지 못하고 제자리에 멍하니 서 있었다.

'이게 아니야'라는 생각만 맴돌았다.

'난 무엇을 위해 살아가고 있는 것일까?' 이런 생각도 들었다.

그때 등교 거부를 반복하며 방에서 천장만 바라보며 느꼈던 그 두려운 감각이 떠올랐다. 사회에 짐 같은 존재가 되면서까지 난 무엇을 위해 살아가고 있는 건가 싶었던 그 느낌.

내 또래인 어느 고등학생은 "연구를 위해 태어났다"고 말하는데…….

그의 말이 얼마만큼 진심이었는지는 알 수 없었다. 또 그런 생각만이 정답은 아닐 터였다.

하지만 적어도 내 눈에는 확신에 찬 어조로 자신의 사

명을 말하고, 두 눈을 반짝이며 미래를 이야기하던 그가 너무나도 눈부셔 보였다.

귀국 후, 방송국에서 취재를 하는 등 잠시 주목받게 되자 "이런 문제로 어려움을 겪고 있습니다" "이런 휠체어를 만들어주실 수는 없나요?"라고 내게 문의하는 사람들이 생겨났다.

그때 비로소 나는 깨달았다. 세상은 내가 생각했던 것보다도 훨씬 부족한 부분이 많구나. 세상에는 많든 적든 나처럼 사회에 적응하고 싶어도 제대로 안 되는 사람들이 있다. 그리고 그런 사람들은 대부분 여러 형태의 고독에 시달린다.

줄곧 누워 지내야만 하는 장애인, 독거노인, 학교나 사회로부터 고립된 이들, 의지할 가족 없는 미혼모 등 고독과 관련한 문제는 앞으로 더욱 커질 것이다.

이는 중대한 문제였지만 고독과 관련된 문제가 여전히 남아 있는 까닭은 단지 해결할 기술이 부족해서만은 아닐 것이다.

오늘날에는 안경이 있어 시력이 약한 사람도 별 어려움을 겪지 않고 살 수 있다. 하지만 만약 안경이 개발되지 않은 평행 세계가 존재한다면 어떨까. 그런 세계에서는 시력이 약한 사람은 장애인으로서 수많은 핸디캡을 안은 채 살아갈 것이다.

이와 비슷하게 애초에 내가 태어나지도 않은 평행 세계나 태어나긴 했지만 학교로 돌아가지 못하고 자포자기한 채 방 안에 계속 틀어박혀 지내는 평행 세계가 존재한다면, 그와 반대로 내가 온갖 궁리를 거듭한 끝에 마치 안경이 시력 나쁜 사람의 문제를 해결한 것처럼 고독을 해소해버린 평행 세계가 존재할지도 모른다.

"나는 고독을 해소하기 위해 태어났다."

나는 그렇게 말할 수 있는 사람이 되고 싶었다. 내 남은 인생을 전부 '고독을 해소하는 데' 바치기로 마음먹었다.

이러한 다짐은 불안정했던 내 마음을 다잡는 데 큰 도움을 주었다.

남은 인생을 바칠 목표와 아직 죽으면 안 되는 이유를 정하고 나자 무슨 일이든 주저하지 않고 할 수 있게 되었다.

　적어도 예전보다는 삶 자체가 괴롭다는 생각을 덜 하고, 죽고 싶은 마음도 사라졌다. 그리고 '세상은 아직 완벽하지 않으며, 인생에 정답은 없다. 그러니 이런 내게도 할 수 있는 일이 있을지 모른다'는 생각이 들었다. 물론 이것은 아무 근거도 없는 그저 나만의 착각이었다. 하지만 그런 착각이 당시 열일곱 살이던 나를 연구자의 길로 이끌었다.

마지막을
생각하면
강해진다

누구에게나 언젠가 마지막은 찾아온다.
그렇다면 스스로 그 마지막을 미리 정해보자.
그만큼 현재에 집중하게 된다.

사람은 누구나 자신의 삶이 언제 끝날지 모른다.

나는 인생의 끝을 의식하며 남은 삶 동안 내가 해야할 일을 결정했다.

이렇게 말하면 대단히 철학적인 이야기처럼 들릴지 모르지만, 나는 남들보다 몸도 허약하고 시력도 나빴다. 고등학교 때에도 툭하면 복통을 일으켰다. 두통도 점차 심해졌고, 시력도 갈수록 떨어졌다. 이런 페이스대로라면 연구에 몰두할 시간도 남들보다 짧을 거라는 생각이 들었다. 서른 살에는 실명할 수도 있겠다고 진지하게 생각했다.

무언가에 평생을 바치겠다고 결심한들 나에게 시간이 얼마나 남았을지 모른다면 무엇을 할 수 있을까? 아무것도 생각할 수 없을 것이다.

나는 '고독의 해소'라는 주제에 얼마만큼 몰두할 수 있을지 가늠해본 다음, 서른 살까지는 어떻게든 결과를 내자는 생각으로 열일곱 살 때 '인생 30년 계획'을 세웠다.

인생을 짧게 보는 것은 좋은 방법이다. 그만큼 오늘 하루를 충실히 보내야겠다는 마음이 들기 때문이다.

만약 의사에게 "앞으로 1년 남았습니다"라는 말을 들었다면 공부할 여유 따위는 없을 테니 당장 자원봉사를 떠나 눈앞에 있는 사람들의 고독을 혼자서라도 최대한 해소하려 애썼을지 모른다.

하지만 13년이라는 시간이 주어진다면 어떤 경험을 쌓고, 언제까지 어떤 일을 해두어야 할지 미리 계획을 짤 수 있다.

그래서 나는 첫해에는 이런 일을 하고, 두 번째 해에는 저런 일을 하자는 식으로 대략적인 실천 사항을 파일에 정리해보았다. 실제로 한 행동은 계획과 전혀 달랐지만 말이다. 하지만 이러한 계획은 실제 행동을 끌어낸 강한 원동력이 되었다. 돌이켜 생각해봐도 그 당시 세웠던 '인생 30년 계획'이 지금까지 나를 뒷받침해준 것 같다. 그 덕분에 삶의 중요한 순간마다 후회 없는 선택을 할 수 있었다.

나는 다행히 서른 살이 넘어서까지 살아남을 수 있었고, 몸 상태도 예전보다 좋아졌다.

하지만 그런 나와 달리 오랜 친구나 전도유망했던 후배가 서른 살이 되기 전에 죽음을 맞이하기도 했다.

이처럼 삶의 마지막은 아무도 모르는 법이다. 언젠가는 눈을 뜨지 못한 채로 아침을 맞이할 날이 온다.

마지막을 생각하는 게 두려울 수 있지만 정말 중요한 일에 시간을 쏟기 위해서는 한 번쯤 생각해볼 만한 가치가 있다.

아니라는
생각이 들면
얼른 방향을 바꾼다

세상에는 직접 해봐야 알 수 있는 일이 있다.

그리고 직접 해보면 아니다 싶을 때도 있다.

아니라는 생각이 들면 얼른 방향을 바꾸자.

'여태껏 한 게 있는데……'라는 아쉬움에 흔들리지 말자.

'인생 30년 계획'을 세운 열일곱 살 때, 남은 인생을 거꾸로 계산해본 내가 가장 먼저 해야겠다고 마음먹은 일은 고등전문학교에 진학하는 것이었다. 고등전문학교는 이과 계열에 특화된 5년제 학교다. 공업고등학교를 3년간 다니고 졸업한 나는 고등전문학교에 4학년생으로 편입을 했다.

 고등전문학교에 들어간 이유는 인공지능을 배우고 싶었기 때문이다. 그리고 인공지능에 흥미가 생긴 이유는 내가 친구를 사귀는 데 무척이나 서툴렀기 때문이다.

 공업고등학교를 졸업하고 다른 지역에 있는 고등전문학교로 편입한 2006년, 나는 고등학교 친구들과 SNS로 연락을 주고받고 있었다. 때마침 트위터와 유튜브가 생겨난 데다 이듬해에는 아이폰까지 등장하면서 인류의 커뮤니케이션 방식이 크게 변화하던 시기였다.

 그때까지만 해도 우리는 서로를 친구로 인정하는 방식으로 연하장을 주고받거나 함께 스티커 사진을 찍곤 했다. 친구 관계를 계속 유지하려면 딱히 용건이 없더라도 정기적으로 모임을 열어 쓸데없이 시간과 돈을 써야 했기에 친구를 사귀려면 필요 이상의 시간과 비용이 들었다. 친구 관계를 돈과 시간 낭비라고 생각했던 나는 사람들과의 교류가 쉽지 않았다.

하지만 그런 나조차도 완전히 고독해지고 싶지는 않았다. 등교 거부를 하며 방 천장만 하염없이 바라본 그 지옥 같던 시기를 떠올릴 때마다 나를 이해해줄 존재가 있기를 바랐다.

그래서 실제 인간을 사귀는 것은 포기하고, 인공지능과 친구가 되려고 했다. 다른 사람과 만나는 것은 피곤했다. 실제 인간이 아닌 로봇과 친구가 되고 싶었다. 인간 친구보다 나를 더 잘 이해해주는 로봇을 만들고 싶었고, 연인이나 가족조차 로봇으로 대신하고 싶었다.

그런 마음으로 시작한 '대화형 인공지능' 관련 공부는 '의식이란 무엇인가?' '전자회로로 뇌를 재현할 수 있는가?' 같은 문제 외에도 단기 기억, 장기 기억, 에피소드 기억, 감각질, 자연언어, 인지심리학, 튜링 테스트, 기계 학습 등 당시 내 눈을 번쩍 뜨이게 할 만한 놀라운 개념으로 가득했다.

'우리에게 의식이 있는 이유는 무엇인가?' '생명을 프로그래밍한다는 것은 어떤 의미인가?' '인간은 어떠한 심리 상태가 되었을 때 유기적으로 느끼는가?' '눈앞에 있는 사람이 실제로 의식이 있다고 말할 수 있는 근거는 무엇인가?' 같은 철학적 질문을 공학적 개념으로 설명하려는 과정이 너무나도 재미있었다. 하지만 결론부터 말하자면 나는 인공지능과 관련된 공부를 1년 만에 관두었다.

공부는 매우 재미있었다. 수없이 많은 논문을 읽고 내 나름대로 몇몇 가설을 세워보면서 인간 친구는 단 한 명도 사귀지 않은 채 개발에 전념했다.

하지만 그렇게 할수록 내가 원래 알고자 했던 방향과 멀어진다는 생각이 들었다. 오랫동안 등교 거부를 했던 내가 학교에 다시 복귀하고 사람들 앞에 다시 나설 수 있는 상태가 될 수 있었던 것은 돌이켜보면 어머니의 권유로 출전한 로봇 대회에서 만난 다른 경쟁자나 그곳에서 알게 된 구보타 선생님, 과학에 대한 꿈을 품게 해 준 대선배들과 전 세계에서 모인 고등학생 등 많은 사람이 내게 좋은 자극을 주었기에 가능한 일이었다. 생각해보면 나는 새로운 사람과 교류하거나 그들로 인해 어떤 감정 변화가 일어날 때마다 무언가를 깨닫고 달라졌다. 그때, 그 자리에, 그 사람들이 있었기에 지금의 내가 존재하는 것이다. 만약 그런 사람들 대신 인공지능 로봇이 곁에 있었다면 과연 지금의 내가 존재했을까. 도저히 그럴 것 같지 않았다.

나는 고등전문학교를 그만두기로 했다. 주변에서는 "기껏 힘들게 들어갔는데……" "그래도 이제껏 공부한 게 있는데……"라며 만류했지만, 내 생각은 달랐다.

'여태껏 한 게 있으니 그냥 하자'는 선택은 나에게 그만큼 여유가 있을 때 할 수 있는 것이다. '이건 아니야'라는 생각이 든 순간, 인생을 30년으로 계획한 나에게는 학교에 더 남아 있을 여유가 없었다.

사람을 웃게 하거나 기분을 풀어주는 등 일시적인 힐

링 효과를 주는 로봇은 있다. 하지만 고독한 사람에게는 어떨까. 고독한 사람 주변에는 그를 이해해주는 사람이 없다면 점차 우울해지고, 그러면 자신감이 없어지기 시작한다. 자신감이 없어지면 남들과 비교되는 자신의 모습이 신경 쓰인다. 그리고 타인과의 접촉을 피하게 된다. 그런 악순환에서 헤어 나오지 못하고 있는 사람을 인공지능 로봇이 구해줄 수 있을까?

사람을 격려할 수 있는 것은 역시 사람뿐이다. 우리를 격려하는 것은 '여기 있으면 마음이 편해'라고 느낄 수 있는 모임이나 '나도 저 사람처럼 되고 싶어' '이 사람을 위해서라면 내가 조금 손해를 봐도 괜찮아'라는 마음이 들게 하는 인간이다.

나는 인간 대신 유대감을 맺을 수 있는 존재가 필요해 인공지능 공부를 시작했지만, 이제는 다른 사람들과의 교류를 보조해줄 기술을 개발하고 싶었다.

나를 소개하는
방법을 정해둔다

나를 어떻게 소개할지 미리 생각해두자.
좋은 사람을 우연히 만났을 때,
자연스럽고 강력하게 인상을
남기는 것이 중요하다.

갑작스러운 이야기이지만, 나는 예전부터 '자기소개' 시간이 싫었다.

친구들이나 선생님, 선배들의 이름을 외우고, 잘못 부르는 일이 없도록 얼굴과 일치시키는 것이 심하다 싶을 만큼 어려웠다. 이름과 얼굴을 쉽게 외우는 사람을 보면 정말 대단하다는 생각이 들었다.

여러분은 혹시 이런 불편함을 느낀 적이 없는지? 자기소개 시간에 자신을 소개하는 것보다 다른 사람들의 이름을 외우기 바빴던 느낌 말이다.

나는 자기소개 시간마다 다른 사람의 이름을 필사적으로 메모했다. 하지만 아무리 메모해도 잊어버리는 경우가 생긴다. 대학 시절, 자기소개 시간에 "저는 ○○입니다. 잘 부탁드립니다"라고만 말한 사람이 나중에 내게 "내 이름 기억하지?"라고 물은 적이 있었다. 당시의 나는 그 사람의 행동을 '생각이라고는 없는 놈의 괴롭힘'이라고 불렀다.

반대로 이제껏 내가 만난 수천 명, 아니 수만 명 중에는 첫인상 등 여러 이유로 내게 강렬한 인상을 남겨 잊으려

해도 잊을 수 없는 사람이 있다. 이런 사람은 남들에게 자신을 기억하라고 요구하지 않는다. 굳이 외우려고 노력하지 않아도 되기 때문에 기억하기가 편하다.

자신이 어떤 사람인지 잘 전달할 줄 아는 사람은 타인을 기억해야만 하는 고통에서 다른 사람들을 해방시켜주는 셈이다.

남들이 기억하기 쉬운 사람이 된다는 것은 상대방의 해마를 배려하는 행동일 뿐만 아니라, 자신에게도 많은 이득을 가져다준다.

오늘날 우리는 현실 세계 외에도 SNS나 온라인 게임 등의 가상 공간에서 수많은 사람과 스쳐 지나가는 삶을 살고 있다. 이처럼 엄청난 수의 사람과 만날 수 있다는 것은 남들이 그만큼 당신이라는 사람을 기억하기 힘들어졌다는 의미이기도 하다.

그렇기에 첫인상을 통해 남들에게 자신의 존재를 알리는 것이 예전보다 훨씬 중요해졌다.

나의 사례를 한 가지 소개해보겠다.

여러분은 자신이 입을 옷을 직접 사는지? 아니면 부모님이나 다른 누군가가 사주는 옷을 입고 다니는지? 나는 열여덟 살 때까지 학교에 갈 때를 제외하고는 집 안에서 늘 운동복 차림이었다. 옷에는 전혀 관심이 없었다. 그러다 부모님 곁을 떠나 난생처음 옷가게에 갔을 때 나는 내게 어울리는 옷이 없다는 사실을 깨달았다.

'내가 원하는 물건은 이 세상에 존재하지 않는다.'

그 사실을 금세 알아차린 것이 내게는 퍽 다행스러운 일이었는지도 모르겠다.

그런 내 눈에 많은 옷 가운데 유일하게 멋져 보인 것이 바로 흰색 가운이었다.

의사나 연구자들이 멋있어 보이는 이유는 그들이 운동복이 아닌 흰색 가운을 입고 다니기 때문이라고 생각했다.

하지만 흰색 가운은 종류가 적었다.

흰색 가운을 펼치면 생각보다 면적이 넓어서 디자인이나 기능적인 측면에서 좀 더 다양하게 활용할 수 있을 텐데……. 그리고 반드시 흰색일 필요는 없지 않나?

그렇게 생각한 나는 내 취향에 맞춘 검은색 가운을 만들기로 했다.

까탈스러워 보일 수 있지만, 이 세상에 완벽한 것은 하나도 없다. 책상이든 조명이든 전송 수단이든 조금 불편해도 지금 이대로도 괜찮다고 생각할 수 있다. 하지만 거기에 나만의 '고집스러운 취향'을 더하면 얼마든지 더 발전시킬 수 있는 여지가 생긴다.

무엇이든 마찬가지이다. 유심히 관찰하고 고민하다 보면 남들은 느끼지 못한 어떤 불만 사항을 발견할 수 있다. 그것을 자기 나름대로 개선하면 고집스러운 취향이 반영된 나만의 상품이 된다.

내가 만든 검은색 가운은 일단 양옆에 구멍이 뚫려 있다. 실험 도중 바지 주머니에 넣어둔 스마트폰(그 당시는 휴대전화)을 꺼낼 수 있게 하기 위해서이다. 또 가방을 들고 다니고 싶지 않아서 A4 크기의 노트북 컴퓨터와 스케치북을 넣을 주머니를 가운 안쪽에 달았다. 이렇게 하니 필요한 물건을 전부 챙겼는데 마치 아무것도 들고 다니지 않는 것처럼 보인다. 또 지하철을 타기 위해 IC 카드 형태의 승차권을 꺼내 개찰구에 갖다 대는 일이 많은데 나뿐만이 아니라 다들 이 동작을 이제껏 수백수천 번은 했을 것이다. 내 검은 가운에는 소매에 IC 카드 전용 호주머니를 달았다. 덕분에 나는 10년 넘게 팔을 슬쩍 들어 올리기만 하면 개찰구를 지날 수 있다. 자판기를 이용할 때도 같은 방법으로 음료를 산다. 음료수를 가운 안쪽 호주머니에 보관할 수도 있다.

왼쪽 안쪽 호주머니에는 긴 우산도 하나 들어간다. 물건을 잔뜩 넣고 다녀도 옷의 실루엣이 망가지지 않도록 호주머니의 형태를 많이 연구하고 있다. 여름에도 시원하게 입고 다닐 수 있도록 등 부분에는 에어 메시 원단을 사용했다.

내가 처음 이 검은색 가운을 만들어 입고 다니기 시작한 것은 고등전문학교를 다닐 때였는데, 이런 옷차림 탓에 친구가 전혀 생기지 않았고, 길을 걷다가도 몇 번씩 경찰관에게 수상한 사람으로 오해받아 불심검문을 당했다.

심지어 부모님은 집 주변에서는 제발 그 옷을 입지 말아 달라고 진지하게 부탁하셨다.

하지만 내가 좋은데 어떡하겠는가. 그 모습이 마음에 든 나는 열여덟 살 때부터 지금까지 15년간 개량을 거듭 해가며 줄곧 검은색 가운 차림으로 다니고 있다.

'검은색 가운'이라는 필터가 있어도 친절하게 다가와준 사람과는 친해지기가 매우 쉽다.

이 검은색 가운이 처음 만난 사람과 대화의 물꼬를 터 주기도 한다. 검은색 가운 안주머니에는 내 삶의 시작점 이기도 한 종이접기용 종이가 들어 있다. 그래서 언제든 지 바로 꺼내 종이접기를 시연해 보일 수 있다. 내가 어떤 사람인지 굳이 설명하지 않아도 이 검은색 가운이 나를 이야기해준다.

검은색 가운 이야기는 어디까지나 한 가지 사례에 불 과하지만, 남들이 좀처럼 이해하지 못하는 부분을 지닐 수록 그만큼 비슷한 사람이 적기 때문에 사람들의 뇌리 에 깊은 인상을 남긴다.

지인 중에 플라나리아를 연구하는 여성이 있는데, 나는 그가 "인간 남성은 좋아할 수가 없어. 잘려도 재생되지 않는걸"이라고 말한 것을 잊을 수가 없다. 세상에 고양이를 좋아하는 사람은 정말 많지만, 플라나리아를 좋아하는 사람은 드물다.

좋아하는 것이나 고집스러운 취향을 보면 그 사람을 알 수 있다. 괴짜 소리를 듣는 게 겁나서 개성을 죽인 채 살아가기보다는 남들과 다른 나의 고집스러운 취향을 드러내는 편이 오히려 더 많은 기회를 잡을 수 있다.

처음부터
이해받을 거라고
생각하지 않는다

새로운 일을 시작하면
주변 사람들의 이해를 받지 못하는 경우가 많다.
그만큼 그 일이
기발하다는 증거이다.

전 세계가 인터넷으로 이어져 있는 요즘은 내가 정말 좋다고 느낀 아이디어를 어떠한 형태로 표현했을 때, "그것참 좋은 생각이야!"라고 호응해주는 이들이 어디선가 나타날 가능성이 높다.

이러한 시대에는 내가 정말 좋다고 생각하는 일을 일단 눈에 보이는 형태로 만드는 것, 그리고 만든 결과물을 세상에 선보였을 때, 거기에 관심을 보이거나 이해해주는 사람을 만나는 것이 매우 중요하다.

하지만 그것이 그리 쉬운 일은 아니다. 내가 보기에 정말 좋은 것 같은 그 아이디어가 기발할수록, 주변 사람들의 이해를 얻기가 쉽지 않기 때문이다.

가족이나 친한 친구조차 냉담한 반응을 보이거나 반대할지 모른다.

내가 보기에는 정말 좋은 아이디어이지만, 그 누구도 동의해주지 않는다. 주변에 자기편이 하나도 없으면 조금씩 불안해지기 시작한다. 과연 이대로 밀고 나가도 괜찮은 걸까. 좀 더 평범한 방향, 남들이 하는 방향에 맞춰야 하지 않을까 싶은 마음마저 든다.

하지만 여러분이 진심으로 좋은 아이디어라고 여겼다 해도 어쩌면 그 아이디어의 '어디가 어떻게 좋은지' 남들에게 제대로 전달하지 못했거나, 그 아이디어가 시대를 너무 앞섰기 때문일 수도 있다.

내가 분신 로봇 '오리히메'를 발표했을 때도 그랬다. 나는 내가 정말 갖고 싶은 로봇을 만든 것뿐이었지만, 주변 사람들은 전혀 이해하지 못했다. 대학교 3학년 때 딱히 들어가고 싶은 연구실이 없어서 내가 직접 학교 안에 연구실을 설립했을 때도, 루게릭병 환자분의 집을 방문해 가며 독자적인 의사 전달 프로그램을 개발하기 시작했을 때도, 두 발로 걷는 로봇 오리히메를 '모두의 꿈 어워드'(미래의 경영자를 응원하고 육성하기 위한 비즈니스 플랜 콘테스트—역주) 무대에 선보이기 위해 전 재산을 털었을 때도, 분신 로봇이 직원으로 근무하는 카페를 만들자고 제안했을 때도 처음에는 나를 이해하는 사람이 놀라울 정도로 없었고, 도와주겠다는 사람도 나타나질 않았다.

그 누구도 본 적 없는 물건은 처음엔 그런 취급을 받기 마련이다. 그래서 진정으로 하고 싶은 일, 표현하고 싶은 일을 할 때는 처음부터 주변 사람들의 이해를 구하려고 애쓰지 않아도 된다. 100명 중 두세 명 정도가 반응을 보인다면 그나마 다행이다.

꾸준히 성과를 내면 언젠가는 여러분이 하는 말의 내용보다 '그 말을 하는 여러분'을 보고 신뢰해주는 사람이 나타날 것이다.

안타까운 일이지만, 여러분이 어른이 되어도 무언가 새로운 일에 도전할 때면 번번이 비웃거나 트집 잡는 사람이 나타날 것이다.

내게는 최고의 옷인 검은색 가운도 툭하면 놀림의 대상이 되었다. 심지어 그 옷을 입으면 여름에는 덥고 겨울에는 춥다. 하지만 장단점을 따져봤을 때, 내가 입고 싶은 옷을 마음대로 입지 못하는 것이 나에게는 오히려 더 스트레스인 것 같아서 나는 그 옷을 일 년 내내 입고 다닌다. 남들에게 비웃음을 당하는 것보다 나 자신이 즐겁지 않은 게 더 괴로우니까.

이렇게 계속 입고 다니다 보니 드디어 "예전부터 그 옷을 보고 정말 센스가 좋다고 생각했어!"라고 말해주는 사람도 나타났다. 그러다가 또 언젠가는 다시 시대에 뒤떨어진 옷차림이라는 놀림을 받을 날이 올 것이다. 하지만 주위 사람들의 의견에 이리저리 휘둘리지 않고 나만의 취향을 지킬 줄도 알아야 한다.

또 나는 평소에 계단으로 다니는 것을 좋아해서 집을 구할 때 일부러 계단 많은 집을 고르기도 했다. 지금 사는 집은 단독주택인데 현관 밖이나 안쪽에도 계단이 있다. 하루에도 몇 번씩 계단을 오르락내리락해야만 한다. 지금도 그런 피곤한 집에 잘도 산다며 고개를 절레절레 흔드는 사람이 있지만, 나는 계단 없는 평평한 집에 사는 것보다 공간을 입체적으로 활용할 수 있는 편이 훨씬 흥미롭고 재미있다. 계단을 좋아하는 수준을 넘어 이제는 대들보 위에 다락을 짓고, 다락으로 올라가는 계단까지 직접 만들었다.

특히 계단은 책장이나 수납공간을 겸할 수 있게 만들

어 꽤 마음에 든다. 이런 행동도 주위에서 보았을 때는 쉽게 이해되지 않을 것이다. 하지만 내가 좋으면 그만이다.

작은 실패를
꾸준히
쌓아간다

근육은 지속적으로 부담을 주어야 자란다.

하지만 부담이 과하면 손상되기도 한다.

인생도 마찬가지이다.

갑자기 엄청난 일에 도전하면 좌절도 크다.

나에게 알맞은 실패를 꾸준히 쌓아가며 조금씩 성장하자.

앞에서도 말했지만, 나는 계단을 좋아한다. 계단이 많은 곳에 가면 가슴이 두근거린다. 그래서 넓은 집으로 이사했을 때, 기존에 있던 계단 외에도 내가 생각하는 이상적인 계단을 직접 설계부터 제작까지 해보고 싶었다. 하지만 그 당시 나는 DIY를 해본 경험이 없었기 당연히 계단 만드는 방법도 몰랐을뿐더러 어디서부터 어떻게 손을 대야 하는지도 알지 못했다.

이런 상황에서 무작정 커다란 계단을 만들기 시작하는 것은 무모하다. 망치를 잘못 내리쳐서 손가락이 다치는 정도로 그친다면 그나마 다행이지만, 자칫 작업 중에 계단이 무너지는 사고로 이어질 수도 있다.

세상에는 제대로 경험치를 쌓지도 않고 무작정 높은 레벨의 목표에 도전했다가 돌이킬 수 없는 수준의 실패를 맛보고는 오랜 시간 동안 좌절의 늪에서 벗어나지 못하는 사람도 많다.

무슨 일이든 경험치를 쌓기 위해서는 단계를 의식하는 것이 중요하다.

나는 항상 무언가를 시작하기 전에 몇 단계를 거쳐야

내가 원하는 것을 만들 수 있을지 생각한다. 인터넷을 검색하면 다양한 방법이 소개되어 있다.

계단을 만들기 위해 먼저 도움이 될 만한 책을 한 권 산 다음, 기본 공구를 구입한 뒤, 일단 가장 간단해 보이는 벤치를 제작해봤다. 그랬더니 비교적 간단히 만들 수 있었다. 대충 감을 잡은 뒤, 이번에는 로봇 제작용 테이블을 만들었다. 책을 참고하면서 몇 가지 공작 기능을 추가하기 위해 독자적으로 설계도도 그려보았다. 내 마음대로 만들다 보니 목재의 길이가 맞지 않거나 원하는 대로 썰리지도 않았다. 또 수평이 맞지 않거나 목공용 본드가 생각보다 강력해서 딱 달라붙은 목재가 떨어지지 않고, 완성된 테이블이 문을 통과하지 못하는 등 처음에는 온갖 초보적인 실수를 다 저질렀다.

그렇게 많은 실수를 경험한 나는 비록 책에는 나와 있지 않았지만, 캐드를 이용해 3D 설계도를 먼저 그려보고, 필요한 재료의 양 등을 미리 시뮬레이션하는 방법을 시도해봤다. 또 기존에 사용했던 실톱을 둥근톱으로 바꿔

보고, 잘라놓은 조각에 숫자를 표시해서 나중에 가구를 조립할 때 어디에 몇 번 조각이 들어가는지 알 수 있게 했다. 그러자 작업하기가 한결 수월해졌다.

그 결과 나는 진공 성형 장치(로봇 제작용 플라스틱 틀을 만들 때 사용하는 장치로, 핫플레이트와 진공청소기를 조립해 내가 직접 만들었다)가 달려 있고, 수평도 잘 맞는 안정적인 테이블을 만드는 데 성공했다. 그 기세를 몰아 다음에는 높이가 3미터나 되는 책장도 제작했다. 조금 독특한 벽의 모양에 어울리게 디자인하고, 쓰러지지 않게 신경 써서 만들었다.

직접 해보기 전에는 계단을 어떻게 만들어야 할지 감조차 잡지 못했지만, 다른 가구를 몇 개 제작하면서 내 나름대로 응용하다 보니 어느 순간 '지금이라면 만들 수 있을 것 같은데' 하는 자신감이 생겨났다.

그 결과, 나는 3개월 뒤에 내가 이제껏 익힌 방법을 활용해 대들보까지 올라갈 수 있는 책장형 계단과 대들보 위에 독서를 할 수 있는 다락 공간까지 만들어냈다.

임대한 집이었기에 못 하나 박을 수 없었고, 바닥이나 벽에 가해지는 부하도 분산시켜야만 했다.

완성된 계단은 성인 두 명 정도가 올라가도 꿈쩍도 하지 않았다. 내가 머릿속으로 상상했던 바로 그 모습이었다. 계단을 만드는 작업 자체도 즐거웠다. 다음에는 좀 더 큰 무언가를 만들어보고 싶다. 계단이 많아도 휠체어 이용자가 얼마든지 편히 생활할 수 있는 그런 꿈 같은 집을 지어보고 싶다. 그런 집을 만들려면 앞으로 몇 단계를 거쳐야 할지 한번 생각해본다.

새로운 일을 시작하는 데에는 당연히 에너지가 필요하다. 그리고 새로운 일에는 실패가 따라다니기 마련이다. 어떤 일에 도전하든 우리는 대부분 실패를 맛본다. 나이를 먹어도 마찬가지이다. 하지만 한 번 실패를 경험하고 나면 다음부터는 좀 더 잘할 수 있고, 실패를 예측하는 안목도 길러져 눈앞의 상황에 좀 더 노련하게 대처할 수 있게 된다.

나를 움직이는
원동력이 무엇인지
생각한다

포상이나 기한이 있어야 의욕이 생기는 사람도 있고,

누군가를 돕고 싶은 마음이

의욕을 불러일으키는 사람도 있다.

나를 가장 열심히 움직이게 하는 것은 무엇인가?

지난 15년간 '고독의 해소'라는 주제로 연구해왔지만, 사실 나는 혼자 있는 시간도 꽤 좋아한다.

　얼핏 모순된 말처럼 들릴 수 있지만, 스스로 원해서 혼자 마음 편히 보내는 시간은 내가 말하는 고독이 아니다. 뭔가를 만들고 싶거나 표현하고 싶을 때 혼자 있는 시간은 그 누구에게도 방해받지 않고 온전히 나만의 세계에 몰입할 수 있다.

　이를 위해 나는 '설렘'이라는 힘을 사용한다.

　글로 적으면 뭔가 평범한 말 같지만, '이것을 만들면 놀라워할까?' '기뻐해줄까?' '이런 걸 할 수 있다면 정말 즐거울 텐데' 같은 설렘, 나 같은 경우는 이러한 설렘만 있으면 나 자신도 놀라울 만큼 엄청나게 몰두하고 행동할 수 있다.

　혹시 친구의 생일을 축하하기 위해 서프라이즈 파티를 준비하거나 친구에게 장난을 치기 위해 함정을 파놓은 적이 있는지? 그런 상황이 되면 아마 여러분도 나처럼 설레는 마음으로 무시무시한 행동력을 발휘할 것이다.

　얼핏 매우 어려워 보이는 일도 '틀림없이 해낼 수 있을

거야라고 느낄 수 있는 이유는 나 자신이 이러한 설렘이
라는 감정을 조절하고 있기 때문이다.

　해야 하지만 좀처럼 할 마음이 생기지 않는 일이 있을
때 무턱대고 시작하지 않는다. 그 일에 손대기 전, 먼저
'어떻게 해야 내가 그 일에 설렐 수 있을지' 그 이유를 찾
기 시작한다.
　물론 설렐 만한 이유가 하나도 떠오르지 않는 날도 있
다. 그런 날에는 잠시 산책을 하거나 게임을 하거나 모닥
불을 피우거나 친구와 대화를 나누거나 종이접기를 하거
나 캐드로 도면을 그리거나 한다.
　동기를 부여하는 방법은 사람마다 다르다.
　성적 향상이나 자신에게 보상을 주는 행위가 원동력이
되는 사람도 있을 테고, 사랑하는 가족의 미소라든가 타
인의 부탁을 들어줄 때 느끼는 만족감, 무언가를 만드는
행위 자체, 나를 원하는 사람에게 인정받는 것, 계획대로
일을 완벽히 끝마쳤을 때 느끼는 성취감 혹은 본인이 해
야 하는 일을 꾸준히 하는 행동 그 자체가 하나의 원동력

이 되는 사람도 있을 것이다.

　나는 무엇을 생각할 때 가장 열심히 할 수 있을까.

　내 마음대로는 조금도 움직이지 않는 나 자신이지만, 나를 움직이는 원동력은 있다. 그것이 무엇인지 깨닫고, 정의해두면 중요한 순간에 큰 힘이 된다.

뭐든지 해보며
나를
알아간다

내가 좋아하는 것은 무엇일까?
생각만 해서는 재능을 알지 못한다.
다양한 경험을 쌓으면서 나를 관찰해야
비로소 조금씩 내가 보이기 시작한다.

"어린 시절 등교 거부를 했을 때, 부모님께서는 어떻게 반응하셨나요?"

이런 질문을 받을 때가 종종 있다.

나는 발명가나 사업가 집안도 아니고 그저 평범한 공무원 집안에서 태어났다. 아버지는 중학교 교사였고, 외할아버지와 외할머니도 교장까지 지낸 교사 출신이었다. 친할아버지는 철도 기관사였다. 부모님은 두 분 모두 내가 예의 바르고 성실하며 남들에게 폐를 끼치지 않는 아이로 자라길 바랐고, 숙제도 꼬박꼬박 하고 선생님 말씀도 잘 듣는 아이가 되도록 엄격하게 나를 키우셨다.

하지만 나는 주변 사람에게 잘 맞추지 못하는 아이였고, 숙제도 제대로 하지 못해 선생님과 자주 충돌했으며, 병치레도 잦았다. 초등학교 5학년 때 아파서 학교를 2주 동안 쉰 것을 계기로 결국 등교 거부를 하게 되었고, 방에 틀어박혀버렸다. 처음에는 나를 학교로 돌려보내기 위해 부모님과 담임선생님 모두 갖은 애를 쓰셨다. 하지만 괴로워하는 내 모습을 보고는 그러한 노력이 오히려 내게 좋지 않다고 판단하신 듯했다. 감사하게도 부모님은 그런 내 모습을 인정해 주셨다.

아버지께서 그 지역 학교에 근무하는 교사였으니 아마 당신의 체면도 신경이 쓰였을 것이다. 많이 고민했겠지만, 부모님께서는 일단 내가 '남들은 다 하는 일을 하지 못한다'는 현실을 받아들이셨다. 그 대신 다른 재능을 발견하고 키워주는 쪽으로 생각을 바꾸셨다.

등교 거부를 할 무렵, 매일 학교에 가보려고 애쓰다 스트레스성 복통에 시달리는 내게 어머니는 이런 말씀을 하셨다. 나는 아직도 그 말을 잊지 못한다.

"학교에 가는 게 괴로우면 가지 않아도 되고, 다른 아이들처럼 열심히 공부하지 않아도 괜찮아. 네가 두 눈을 반짝이며 하루하루 즐겁게 보낼 수 있다면 엄마는 그걸로 충분해."

아이의 재능을 키워주라는 말을 많이들 하지만, 자기 아이가 어떤 일을 잘하며, 무엇이 자기 아이를 웃게 하는지 잘 모르는 부모가 훨씬 많을 것이다.

그렇기에 부모님은 내가 등교 거부를 하기 전에도, 하

고 난 후에도 일단 내게 다양한 경험을 시켰다. 나를 체조 학원에 보냈고, 소림사 권법도 배워보게 했다. 수영도 배우게 했다. 피아노 학원과 발레 학원도 보내봤다. 유소년 농구팀에도 들여보내봤다. 미술 학원도 보냈다. 나를 데리고 산으로 캠핑도 다녔으며, 책도 읽어주었다. 함께 자원봉사 활동도 다녔다. 낚시도 하러 다녔고, 무인도에서 시간을 보낸 적도 있다. 나에게 로프 사용법과 수기신호도 외우게 했다. 만화책을 사주었고, 도감도 사주었다. 함께 철새도 관찰하러 다녔다. 과학관에도 데려갔으며, 벼룩시장에서 물건도 팔게 해봤다. 요리도 시켰다.

여행지에서 우연히 피에로를 만나면 아버지는 "풍선 아트를 해보자"며 나와 함께 도전했다. 하지만 막상 해보니 아버지보다 내가 더 풍선 아트에 재능이 있었던 모양이다. 내 풍선 아트 실력은 날이 갈수록 좋아져서 비록 한 때이기는 했지만, 나중에 노점상에서 시급 3만 원을 받고 아르바이트를 한 적도 있다.

여러 가지 경험을 해본 결과 남들보다 적성에 잘 맞고

금세 익힐 수 있는 일도 있었던 반면, 놀라우리만큼 몸에 익질 않아 싫어진 일도 있었다. 하지만 결과적으로 좋았던 것은 부모님께서 내가 적성에 맞지 않는다고 생각한 일은 즉시 그만둘 수 있게 허락해주셨다는 점이다.

그러다 결국 부모님께서 '로봇 같은 것은 좋아하려나' 싶은 생각으로 나를 로봇 대회에 참가시켰다. 만약 내가 그동안 온갖 다양한 일을 접해보지 않았더라면 아마 로봇 대회에 참가할 생각조차 하지 못했을 것이다.

'그런 걸 하는 게 무슨 의미가 있어?'라고 생각하는 사람도 있을 것이다. 하지만 이 세상에는 직접 해보지 않으면 보이지 않는 것이 너무나 많다. 의미가 없더라도 다양한 것을 접해보다가 생각지도 못한 자신의 적성을 발견할 수 있고, 아무런 관련도 없어 보이는 경험이 훗날 어떤 일에 도움이 될 때도 있다.

나는 그리 욕심이 없는 편이어서 좋은 자동차를 타고 싶다거나 남들이 부러워할 만한 집에 살고 싶다거나 하는 욕구는 없지만, 경험이라는 보이지 않는 자산에는 전

재산을 투자하고 싶다.

　남들과 다른 경험을 많이 할수록 괴짜란 소리를 듣기는 해도, 다양한 관점에서 사물이나 현상을 바라볼 수 있다. 예를 들어 한겨울에 이른 아침부터 휠체어를 타고 바깥을 이동해봐야 비로소 그 충격적인 추위를 알아차릴 수 있다. 그와 동시에 걷는다는 행위가 실제로 상당한 체온 상승 효과를 낸다는 사실 또한 알 수 있다.

　대학 시절에 팬터마임을 배운 적이 있었는데, 그때의 경험이 '로봇의 몸을 어떻게 움직여야 보는 사람에게 어떤 의미를 전달할 수 있는지' 알 수 있는 좋은 힌트가 되었다. 로봇의 움직임을 제어할 수 있는 이공계 전공자는 많다. 몸을 어떤 식으로 움직였을 때 관객에게 어떤 세상을 보여줄 수 있는지 숙지하고 있는 배우도 많다. 하지만 두 가지 능력을 모두 지닌 사람은 드물다.

　캠프장에 4년간 보조 요원으로 일해본 경험이 있는 로봇 개발자는 흔치 않을 것이다. 그 당시 캠프장 방문객들에게 시설 안내를 하면서 나는 사람들 앞에서 말하는 법과 자신이 알고 있는 내용을 알기 쉽게 설명하는 법을 배웠는데, 이러한 기술은 훗날 내가 창업 후 프레젠테이션을 할 때 많은 도움이 되었다. 또 당시 다른 보조 요원들과 밤새 캠프파이어 연출을 기획했던 경험과 그때 익힌 춤을 8,000명의 관객에게 오리히메를 선보일 때 활용하기도 했다.

이처럼 내가 그동안 쌓은 잡다한 경험들이 전부 로봇 개발을 비롯한 내 모든 아이디어에 도움을 주고 있다. 그 어느 것 하나도 처음부터 언젠가 도움이 될 것이라 예상하고 시작하지는 않았다. 어떤 경험이 훗날 어떤 식으로 도움이 될지는 아무도 모른다.

그러니 관심이 가거나 궁금한 일이 있으면 일단 무엇이든 해보는 것이 좋다. 그렇게 하다 보면 자신이 잘하는 것과 못하는 것이 조금씩 보이기 시작하고, '나'라는 나약하고 성격도 나쁜 데다 제멋대로이기까지 한 파트너와 잘 지내는 법을 배우게 된다.

자신이 가장 좋아하는 음식이 무엇인지는 직접 먹어보기 전까지 알 수 없는 법이다.

3
교시

The place that you can find your passion

하지 못하는 일에서
가치를 찾아낸다

하지 못하는 일은
단계별로
조각내어 생각해본다

우리는 과제가 생기면
하지 못하는 이유를 생각해내는 경향이 있다.
그럼 반대로 생각하면 어떨까.
어떤 조건이 갖추어지면 그 일을 할 수 있을까?

먼저 해두고 싶은 말이 있다.

친구를 사귈 수 있다는 것은 대단한 능력이다.

기적이라는 생각도 든다.

나는 열아홉 살 때까지 친구를 사귀는 데 많은 어려움을 겪었다. 크면서 성격이 많이 달라진 친구도 있었고, 친구라 믿었던 이에게 배신을 당한 적도 있었다. 게다가 단지 친해지기 위해 방과 후에 함께 패밀리 레스토랑에 가거나 연하장을 주고받는 것이 너무 괴롭기만 했다.

그래서 고독의 해소를 인생의 주제로 정하자마자 나는 인공지능에 대해 배울 수 있는 고등전문학교로 편입했다. 변덕스러운 인간 친구를 사귀는 것보다 평생 친구로 지낼 수 있는 로봇을 만드는 편이 훨씬 쉬울 것이라 생각했기 때문이다.

고등전문학교에 다니던 시절에도 나는 인간 친구를 전혀 사귀지 못했고, 사귀려는 시도조차 하지 않았다(그 무렵 만든 내 트위터 계정이 '@origamicat'이었던 이유도, 내게 친구라고는 줄곧 종이접기origami와 고양이cat밖에 없었기 때문이었다).

다음의 그림은 이런 성격이던 내가 고등학교 3학년 때

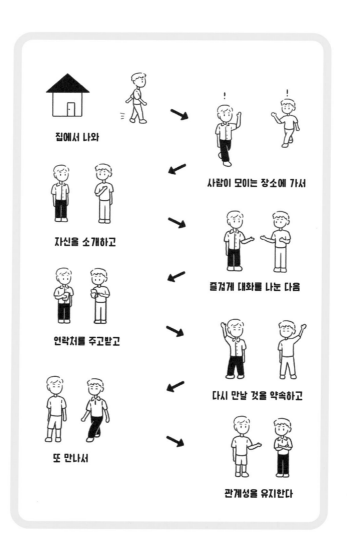

집에서 나와

사람이 모이는 장소에 가서

자신을 소개하고

즐겁게 대화를 나눈 다음

연락처를 주고받고

다시 만날 것을 약속하고

또 만나서

관계성을 유지한다

생각한 '인간이 친구를 만들기 어려운 이유'이다.

❶ 집에서 나온다/사람이 있는 곳에 간다

다른 사람을 만나려면 일단 밖으로 나와야 한다. 밖으로 나오려면 온갖 심리적, 육체적 장애물을 넘어야 한다. 먼저 씻어야 한다. 어떤 옷을 입을지 고민해야 한다. 햇빛이 비치는 밖으로 나가야 한다. 그리고 바다나 산처럼 자연이 있는 곳이 아닌, 사람이 모이는 장소로 가야만 한다. 다른 사람의 시선에 노출되어야 한다. 수많은 인파에 시달려야 한다. 억지로 괜찮은 척하며 사교적인 사람처럼 행동해야 한다.

❷ 자신을 소개한다/즐겁게 대화를 나눈다/연락처를 주고받는다

사람이 모인 장소에 간다고 해도 그것만으로는 아직 사람을 만난다고 할 수 없다.

다른 사람에게 "있잖아요" "저기요"라며 말을 걸고, 자신을 소개해야 한다. 거기서 그치지 않고 대화를 끌어내야 한다. 공통된 관심사에 대해 즐겁게 이야기를 나누고 대화를 마친 후에는 서로 연락처를 주고받아야 한다.

모르는 아이라도 말을 걸면 자연스럽게 친구가 되어주었던 유치원생 시절의 커뮤니케이션 능력을 어쩌다 잃어버리고 만 것일까.

❸ 다시 만나자고 약속한다

연락처를 주고받았다고 해서 친구가 되었다고는 할 수 없다. 그 후 서로 연락하고, 함께 무언가를 하기 위해 다시 만날 약속을 잡아야만 한다. 상대방에게 만나자고 연락할 때는 혹시 내 문자 내용이 이상하지는 않은지, 상대방이 '이 사람 뭐야?'라고 생각하지는 않을지 바짝 긴장하게 된다.

❹ 관계성을 유지한다

설령 누군가와 놀러 다니면서 친구가 되었다고 해도, 그 후 1년이나 2년 동안 연락을 전혀 하지 않는다면 그 사람을 내 친구라고 말할 수 있을까. 상대방은 나를 완전히 잊어버렸을지도 모른다. 어쩌면 연락이 끊긴 사이에 세상을 떴을 수도 있다.

과거에는 이처럼 관계를 유지하는 것이 어려워서 1년에 한두 번 주고받는 안부 편지가 그러한 역할의 일부를 수행하기도 했다. 자신이 건강하게 잘 지내고 있다는 점과 여전히 상대방을 친구로 생각하고 있다는 사실을 굳이 엽서에 써서 주고받으며 서로 안부를 확인했다. 이처럼 안부를 묻는 일은 친구가 늘어날수록 번거로울 수밖에 없다. 그렇기에 시간이 지날수록 편지나 문자를 주고받는 일이 줄어들다 결국 연락이 끊기고 만다.

'집에서 나와→사람이 모이는 장소에 가서→자신을 소개하고→즐겁게 대화를 나눈 다음→연락처를 주고받고→다시 만나자고 약속한다'를 반복하면 친구가 늘어난다.

열여덟 살에 이 그림을 그려본 나는 이게 너무 어려운 일이라는 생각이 들었다. 그래서 인간 친구를 사귀는 것은 무리라 판단했고, 이제 남은 방법은 인공지능밖에 없다고 생각했다.

　자연스럽게 친구를 사귈 수 있는 사람이 볼 때는 '그게 무슨 뚱딴지같은 소리냐' '어째서 그런 식으로밖에 생각하지 못하는 거냐' '친구를 사귀려고 노력을 해봐라' 따위의 말을 할 수 있다. 하지만 이런 내 그림에 '나도 그 심정을 알 것 같아'라고 공감하는 사람도 적게나마 있을 것이다. 태어나면서 자연스레 우리 말을 배운 나는, 외국인이 우리 말이 어렵다고 해도 실감이 나지 않는다. 우리 말이 어렵다는 생각 자체를 해본 적이 없기 때문이다. 이처럼 어떤 일에는 그 일을 하지 못하는 사람만이 알 수 있는 부분이 존재한다.

　결과적으로 인공지능으로는 내가 바라는 목적을 이룰 수 없다고 판단한 나는 그 당시 내가 생각한 '목적을 이루지 못하는 이유'를 다시 검토해봤다. 그러다가 그림의 각 단계에 존재하는 장애를 해결할 수 있는 기기를 만들면 좋겠다는 생각이 들었다.

　예를 들어 SNS 같은 소통 수단의 등장으로 관계 유지에 드는 비용은 기존과 비교할 수도 없을 만큼 낮아졌다.

그렇다면 집에서 물리적으로 나갈 수 없는 사람을 위해 휠체어가 존재하듯, 이러한 기술의 발달을 이용해 심리적인 이유로 집에서 나갈 수 없는 사람을 위한 '마음의 휠체어'를 만들 수는 없을까. 그런 사람들을 위해 나는 원격으로 조작해서 먼 곳에 있는 사람과도 커뮤니케이션할 수 있는 오리히메라는 분신 로봇을 만들게 되었다. 그러니 언젠가는 쉽게 친해지는 능력이 없는 사람도 이런 기기나 환경의 도움을 받아 문제를 해결할 날이 오지 않을까.

무언가 해야 할 일이 생기면 우리는 '하지 못하는 이유'를 자꾸만 생각해낸다. 그렇다면 그러한 습성을 이용해 그 일을 할 수 없는 이유를 하나씩 정리해서 써보자. 그러면 지금 내게 부족한 부분이 무엇이고, 어떤 조건이 충족되었을 때 그 일을 할 수 있을지 좀 더 구체적으로 생각할 수 있게 된다. 이러한 생각은 그 일을 '할 수 있는 사람'이 아니라 오직 그 일을 '하지 못하는 사람'만이 할 수 있다.

하지 못하고,
알지 못하는
사람 입장에서 생각한다

내가 어떤 일을 잘한다고 해서
누구나 나처럼 잘할 수 있는 것은 아니다.
그렇다면
다른 사람도 나처럼 잘할 수 있는 방법을
생각해본다.

"나도 했는데 너라고 못 하겠냐. 힘내!"

누군가에게 이런 말을 들어본 적이 있는지?

나는 많았다. 내가 한창 등교 거부를 하며 힘들어할 때, 학교 선생님에게 "○○도 등교 거부를 한 적이 있지만, 지금은 학교를 잘 다니고 있어. 그러니까 너도 그럴 수 있을 거야. 힘내자!"라는 말을 들었다. 선생님은 틀림없이 나를 격려해주려는 마음에서 한 말일 것이다. 그 마음은 감사했지만 나는 그 말이 전혀 마음에 와닿지 않았다. 그때 내가 느낀 감정은 '그건 ○○라서 그런 거지, 나는 그럴 것 같지 않아'였다.

"○○도 했으니까 너도 할 수 있어!"라는 식의 응원은 힘내고 싶은 순간이나 그런 말을 긍정적으로 받아들일 수 있을 때는 괜찮지만, 어떻게 해야 할지 몰라 고민에 빠져 있는 상태에서 들으면 오히려 더 괴로워진다.

어느 날 할머니가 강가에서 빨래를 하고 있는데, 곁에 있던 손자가 "할머니, 강물이 너무 차가워서 빨래를 못 하겠어요"라며 울었다. 그러자 할머니가 이렇게 말했다. "괜찮아! 할머니도 처음에는 그랬지만 하다 보니 익숙해졌어. 그러니 너도 할 수 있을 거야."

현대인인 여러분이 그 광경을 본다면 이렇게 말했을 것이다.

"그러지 말고 세탁기를 사세요."

물론 열심히 하다 보면 언젠가 익숙해지는 사람도 있다. 하지만 "힘들다"라고 이야기하는 사람에게 "힘내"라고 말해주는 것 외에 다른 방법은 없을까?

우리는 자신이 온갖 고생 끝에 이겨낸 일에 대해 "나처럼 노력하면 너도 할 수 있을 거야"라고 남들에게 쉽게 이야기한다. 열심히 노력한 사람일수록 자신처럼 노력하는 사람을 좋아하고, 고생을 많이 한 사람일수록 삶은 그리 만만하지 않다고 말하고 싶어 한다. 그 심정을 이해하지 못하는 것은 아니다. 하지만 다음 세대에는 다음 세대만이 겪을 어려움이 있을 테고, 그들도 그런 어려움을 극복해나갈 것이다. 다음 세대에 굳이 자신과 똑같은 어려움을 겪게 할 필요는 없다.

안경을 쓰면 누구나 거의 비슷하게 시력이 교정되어 앞이 잘 보인다. 휠체어를 사용하면 누군가에게 업히지 않고도 외출을 할 수 있다. 전자계산기를 사용하면 암산을 잘하지 못해도 쉽게 계산할 수 있고, 자동번역기를 이용하면 전 세계 사람들과 대화할 수 있다. 또 스마트폰을 이용하면 도서관에 가지 않아도 모르는 내용을 알 수 있다.

여러분이 이제껏 열정이나 끈기, 근성으로 극복해온 일을 더 쉽고 빠르게 할 수 있는 방법을 한번 생각해보았으면 한다. 바로 거기에 아직 보이지 않는 발명의 씨앗이 있다.

하지 못한다는
사실이
가치를 발휘한다

무엇이든 '하지 못한다'는 사실은 괴롭다.

하지만 하지 못하기 때문에

그 일에 대해

남들보다 더 많이 고민하고 생각할 수 있다.

하고 싶어도 하지 못하는 일.

남들은 당연히 하지만, 나는 하지 못하는 일.

예전에는 할 수 있었지만, 지금은 할 수 없게 된 일.

자신이 하지 못하는 일을 생각하면 누구라도 괴롭다.

언젠가 나이가 들면 육체적으로 불가능한 일이 지금보다 더 늘어날지도 모른다. 그런 생각을 하면 앞날이 불안해진다.

하지만 한 번쯤 생각해보자. 과거에 살았던 인류는 멀리 있는 사람과 대화를 할 수도 없었고, 한밤중에 책을 읽는 것조차 불가능했다.

하지만 인류는 '하지 못하는 일'을 '할 수 있도록' 바꿀 수 있는 생물이다.

그런 일이 가능했던 이유는 그 일을 하고 싶다는 마음을 포기하지 않았으며, '하지 못한다'는 사실에 대한 견해가 바뀌었기 때문이다.

지금 하지 못하는 일도 틀림없이 미래에는 할 수 있게 될 것이다. 세상은 그렇게 바뀌고 있다. 우리가 지금 하지 못해서 어려움을 겪는 일은 무엇일까?

하지 못하는 일 때문에 어려움을 겪고 있는 사람일수록 그 일을 하지 못하는 상황이나 원인에 대해 깊은 생각을 할 수 있다.

어떻게 하면 포기하지 않고 '할 수 없는 일'을 '할 수 있게' 바꿀 수 있을까? '어려움이 있는 일'을 '어려움이 없게' 바꿀 수 있을까?

만약 이 점에 대해 진지하게 생각하고 있다면 학교 공부나 텔레비전 프로그램 혹은 타인과의 대화 등을 통해 우연히 얻은 정보를 자신이 하지 못하는 일에 나름대로 적용해서 '아, 이렇게 하면 그 일이 가능해질지도 몰라' 하며 불가능했던 일을 가능하게 하는 방법을 인류 최초로 개발해낼 수 있을지도 모른다.

무언가를 하지 못한다는 단점은 하나의 가치가 될 수 있다.

무언가를 하지 못한다는 사실이 늘 단점이기만 한 것은 아니다. 중요한 것은 그게 지닌 가치를 깨닫는 것이다.

나는 학교에 가고 싶었지만 가지 못했던 경험을 토대로 오리히메를 만들었다.

그렇게 만든 오리히메는 지금도 진화를 거듭하고 있다. 오리히메 사용자들이 오리히메가 하지 못하는 일을 발견할 때마다 내게 알려주기 때문이다.

예를 들어 목소리를 잃은 한 이용자는 '로봇의 음성이 아닌 원래 내 목소리로 말하고 싶어요'라는 의견을 보내주기도 했다.

루게릭병은 병이 진행될수록 점차 호흡이 어려워진다. 호흡기를 달면 생명을 유지할 수 있지만, 수술을 받고 나면 두 번 다시 말을 할 수 없게 된다.

오리히메·아이는 눈동자의 움직임을 이용해 입력한 문자를 음성 합성 기술로 읽어준다. 하지만 아무래도 합성된 음성이다 보니 자신의 원래 목소리와는 다른 목소리가 나올 수밖에 없다.

그래서 나는 이러한 뜻을 이해해준 협력 회사와 힘을 합치기로 했다. 지인이 아직 말을 할 수 있는 상태일 때, 그의 발성 근육을 이용해 합성 음성을 제작하고, 이를 오리히메·아이에 적용할 수 있었다.

이 방법을 이용하면 목소리를 잃은 사람도 원래 자신의 목소리와 똑같은 음색으로 이야기할 수 있다. 루게릭병을 앓고 있는 지인도 근육을 움직일 수는 없게 되었지만, 여전히 예전과 같은 목소리로 나와 함께 개발 활동을 하고 있다. 목소리를 잃은 사람이 예전의 목소리로 말할 수 있게 된 사례처럼 이제껏 불가능했던 일들도 언젠가는 가능해진다.

지금부터는 내가 요즘 개인적으로 연구하고 있는 사례를 소개해보려고 한다. 새로운 것을 연구하다 보면 해결해야 할 수많은 과제를 발견한다. 예를 들어 루게릭병 환자의 경우, 오리히메·아이를 이용해 대화를 나눌 수 있게되었지만, 그 대신 침대 위에 대형 모니터를 장착해야만한다.

한번은 이 대형 모니터 대신 반투명한 아크릴판을 만들어보았다. 여기에 프로젝터를 이용해 필요할 때만 문자판을 비추는 것이다. 이렇게 하면 시야를 가리지 않아모니터 너머도 볼 수 있고, 환자의 머리 위에 반투명 아크릴판만 설치하면 되기 때문에 이동도 간편하다.

그렇다면 이 아크릴판을 휠체어에 설치해보면 어떨까? 휠체어 앞에 커다란 모니터를 달면 앞이 보이지 않지만 아크릴판이라면 휠체어를 탄 채로 눈동자의 움직임을이용해 문자를 입력하거나 앞을 볼 수 있다. 즉 눈동자의움직임만으로 휠체어를 작동할 수 있게 된다.

당장 체육관을 빌려 루게릭병 환자인 지인과 실험해보았더니 시선 입력 기능을 이용해 휠체어를 움직일 수 있었다. 그리고 휠체어 뒤쪽에 카메라를 설치해 후진할 때 프로젝터로 보이게 했다. 그리하여 앞과 뒤를 동시에 볼 수 있는 휠체어가 탄생했다. 이렇게 시선 입력 기능을 이용해 휠체어를 아무런 문제 없이 조작할 수 있다는 것은 알게 되었지만, 제품화할 수 없는 여러 가지 이유가 발견되었기에 일단 연구를 중단했다.

이 밖에도 하지 못하는 일에 대해 고민한 적이 많다. 그중 하나는 '걸으면서는 스마트폰을 쓸 수 없다'는 문제였다. 걸으면서 스마트폰을 하는 행동은 위험하다. 다른 사람이나 물체에 부딪칠 수 있기 때문이다.

하지만 어떻게든 걸으면서 스마트폰을 하고 싶었던 나는 안전하게 스마트폰을 사용할 수 있는 방법을 고민해보기로 했다. 걸으면서 스마트폰을 하는 행동은 좋지 못하다고 생각하는 사람은 "위험하니까 그만둬, 이 바보야"라고 말할 것이다. 그렇다면 걸으면서도 안전하게 스마트폰을 쓸 수 있는 방법을 생각해내면 된다. 애초에 위험하다고 하는 이유가 뭘까? 몇 번 시험해본 결과, 화면 속 내용에 의식을 집중하는 것도 있지만, 그보다 아래를 보면서 걷는 행동이 더 큰 원인이라는 것을 깨달았다. 스마트폰을 쓰지 않더라도 앞을 보지 않고 걸으면 위험하다.

그래서 이번에는 손을 앞으로 쭉 뻗은 채, 고개를 숙이지 않고 스마트폰을 보면서 걷는 실험을 해보았다. 그랬더니 장애물을 제법 피할 수 있었다.

하지만 팔이 아파 스마트폰을 오래 들고 있을 수가 없었다. 그래서 시중에서 판매하는 미러 렌즈 선글라스 장난감을 개조해 왼쪽 눈은 그대로 앞을 보게 하고, 오른쪽 눈은 스마트폰의 화면을 미러 렌즈에 반사하여 볼 수 있게 했다.

처음에는 왼쪽과 오른쪽 눈에 비치는 모습이 달라 혼란스러웠지만 이내 익숙해졌다. 눈앞의 광경과 손에 들린 스마트폰 화면을 겹쳐 볼 수 있게 되었다.

앞을 보고 싶을 때는 왼쪽 눈에 집중하고, 스마트폰 화면을 보고 싶을 때는 오른쪽 눈에 집중하는 식이었다.

지금까지 우리는 눈앞의 실제 광경이나 손에 든 스마트폰 화면 가운데 어느 한쪽을 택해야만 했다. 하지만 이 방법을 사용하면 오른쪽 눈에 70% 집중하고, 왼쪽 눈에 30% 주의를 기울이는 식으로 의식을 분산하기만 해도 아날로그와 디지털 세계를 오갈 수 있다.

이 정도까지 만든 후 이번엔 문득 다른 이상한 점에 대해 고민하기 시작했다. 우리 인간은 눈이 두 개인데, 어째서 양쪽 눈이 늘 같은 대상을 보는 것일까?

우리는 과학 시간에 육식동물은 사냥감과의 거리를 파악하기 위해 눈이 앞에 달려 있고, 초식동물은 적에게서 도망치기 위해 넓은 시야를 지녔다고 배웠다.

그렇다면 우리 인간은 대체 두 눈으로 매일 어떤 사냥감을 쫓고 있는 것일까. 두 눈이 앞에 달려 있을 때 얻을 수 있는 능력은 '입체시'이다.

VR 고글은 좌우에 조금 엇갈린 영상을 비추기 때문에 그것을 보고 우리는 "우아! 진짜 입체적으로 보인다!"라며 좋아한다. 하지만 실제 생활에서 우리는 매일 2차원으로 비치는 화면만 보기 때문에 입체시 능력을 사용할 일이 없다. 어째서 굳이 두 눈을 이용해 똑같은 정보를 계속

보고 있는 것일까.

어쩌면 우리 같은 현대인에게는 왼쪽 눈으로는 현실 세계를 보고 오른쪽 눈으로는 스마트폰 화면을 보는, 마치 초식동물처럼 넓은 범위를 빠르게 훑어볼 수 있는 능력이 더 필요하지 않을까.

그런 생각이 든 나는 이번엔 아예 오른쪽 눈 부분에 디스플레이를 달았다. 그랬더니 왼쪽 눈에 비친 현실 세계 위로 디지털 모니터 화면이 겹쳐 보였다.

그러자 이번에는 이런 생각이 들었다. 예전에 아크릴 판과 프로젝터를 이용해 눈동자로 움직일 수 있게 만든 휠체어는 고가의 프로젝터와 높은 소비 전력이 문제였는데, 혹시 이 방법으로 휠체어도 움직일 수 있지는 않을까?

그래서 오른쪽 디스플레이 밑에 눈을 촬영하는 소형 적외선카메라를 장착해서 안구의 움직임을 이용해 마우스 커서를 움직일 수 있게 해보았다.

그리고 이것을 오리히메·아이의 프로그램에 응용했더니 루게릭병 환자가 눈동자를 움직여 컴퓨터를 어느 정도 조작할 수 있게 되었다.

이 발명품의 장점은 환자 앞에 모니터를 설치하지 않아도 되기 때문에 장소에 구애받지 않는다는 것이다. 또 얼굴에 착용하기 때문에 간병인이 옷을 갈아입히거나 자세를 바꿀 때도 얼마든지 글자를 입력하고 컴퓨터를 쓸 수 있다. 가족이나 간병인에게 부탁하지 않고도 자신이 보고 싶은 화면을 선택할 수 있어 사생활도 보호받을 수 있다.

그 후로도 연구를 거듭하다 보니 사이보그 마스크 같은 디자인이 되었다.

나는 이 장치를 가지고 루게릭병을 앓고 있는 지인들을 방문해 안경 형태와 마스크 디자인 중 어느 쪽이 더 마

음에 드냐고 물어보았다. 그랬더니 다들 재미있어하면서 사이보그 마스크를 골랐다.

솔직히 그렇게 물어보면 누구나 당연히 사이보그 마스크로 휠체어를 조작해보고 싶긴 할 것이다.

곧바로 만들어 실험해본 결과, 익숙해질 때까지 어느 정도 요령이 필요하기는 하지만 눈동자의 움직임만으로 충분히 휠체어를 조작할 수 있었다. 후방을 비추는 카메라의 영상이 오른쪽 눈에 비치기 때문에 고개를 돌리지 않고도 앞뒤를 동시에 볼 수 있었다. 그야말로 신인류가 탄생한 것이다. 환자들은 사용에 익숙해지자 좁은 통로도 지날 수 있게 되었다. 이 기술은 아직 해결해야 할 과제가 남아 있어 연구를 지속하고 있다.

이처럼 하지 못하는 일을 발견하면 내가 이제껏 쌓아온 지식과 기술을 총동원해서 이를 가능하게 하는 방법을 고민하는 방식에 익숙해져왔다.

그렇게 하다 보면 아직 그 누구도 생각해본 적이 없을 법한 온갖 불가능한 일이 내 머릿속에 점점 축적된다.

처음엔 이해받지 못할 수도 있지만, 매우 가치 있는 일
이라 생각한다.

여러분도 자신만의 가치를 발견해갔으면 한다.

중요한 게 무엇인지
먼저 생각한다

'이래야 한다'라는 생각을 멈춘다.
고정관념에 사로잡혀 있으면
인생을 풍요롭게 하는 많은 것을
지나치기 쉽다.

로봇을 개발하다 보니 강연회 등에서 사람들에게 이런 질문을 받을 때가 많다.

"로봇은 앞으로 어떤 식으로 우리 생활에 영향을 끼치게 될까요?"

"인공지능이 인간의 일자리를 빼앗지 않을까요?"

이제껏 수많은 인터뷰에서 비슷한 질문을 받았다.

이는 어쩌면 인류 공통의 관심사일 수 있다.

물론 미래에 대해 나도 가끔 생각하기는 한다. 하지만 이러저러한 식으로 로봇을 만들고 싶다고 스스로 생각해 본 적은 솔직히 거의 없다.

왜냐하면 나는 '이런 로봇을 만들고 싶다'고 상상한 것을 만들기보다는 실제로 로봇을 이용하고 있는 사람들이 어떤 불편함을 느끼고, 그걸 이용해 어떠한 일들을 하고 싶어 하는지 관찰하고, 그 과제를 해결할 수 있는 도구를 개발하고 싶기 때문이다.

나는 로봇을 만들고 있지만, 로봇 자체를 연구하는 로봇 크리에이터나, 로봇으로 무언가를 표현하려 하는 로봇 아티스트 또는 로봇에 대한 논문을 쓰는 로봇 연구자가 아니다.

내가 하고 싶은 일은 고독을 해소하는 것이다. 다른 사람을 만나지 못하는 사람이나 커뮤니케이션을 할 수 없는 사람이 겪는 어려움을 해결하는 것이다.

그래서 나는 2009년부터 나 자신을 '로봇 커뮤니케이터'라 소개하고 있다. 로봇을 이용해 사람과 사람 사이를 연결해주는 사람. 당시 스물한 살이던 내가 제멋대로 생각해낸 나만의 직업명이다.

오리히메를 사람처럼 걷거나 달릴 수 있게 만들 생각은 없냐는 질문도 자주 받는다.

이족보행을 시키고 싶다면 그렇게 할 수 있을 것이다. 실제로 이제껏 이족보행형 오리히메를 만든 적도 있었다. 하지만 과연 로봇을 사람처럼 두 발로 걷게 할 필요가 있을까?

애초에 인간의 신체는 현대사회에 적합하게 만들어져 있지 않다. 물건을 집을 때 우리는 대개 손가락 다섯 개를 사용한다. 그러한 방식에 익숙해져 있으니 그러한 방식 자체에 의문을 느껴본 적이 없다.

그 손으로 젓가락을 사용하고, 밥알을 집고, 반찬을 집어 먹는다. 하지만 아시아를 제외한 다른 나라 사람들은 대부분 젓가락을 쓰지 않는다. 아마 '아시아 사람들은 어째서 이런 불편한 도구로 밥을 먹을까'라고 생각하는 사람도 있을 것이다. 우리는 작은 밥알을 흘리지 않을 정도로 젓가락 사용에 숙련되었을 뿐이다.

평소 오른손으로 젓가락을 사용하는 사람이라면 왼손으로 써보면 안다. 젓가락이 얼마나 연습이 필요한 도구인지 크게 실감한다. 어릴 적부터 사용법을 익혀 젓가락을 능숙하게 쓰는 것은 대단한 일이다.

세상에 존재하는 많은 것들은 의외로 합리적으로 만들어지지 않았다.

일본에는 사지가 멀쩡하고 그 어떤 신체적 결함도 없는 모습을 뜻하는 '오체만족(伍體滿足)'이라는 표현이 있다. 오체만족인 사람이 아무런 불편함 없이 생활할 수 있는 이유는 단지 오체만족인 사람들이 자신과 같은 사람이 생활하기 편하게 세상을 디자인해왔기 때문이다.

언젠가 우주에서 살게 될 날이 올지도 모르고, 어쩌면 미래의 사람들은 지하나 해저 또는 공중에서 살게 될 수도 있다.

그런 날이 왔을 때, 과연 지금 우리가 말하는 오체만족인 사람들이 각각의 환경에 잘 적응할 수 있을까.

고속으로 이동하고 싶다면 이족보행보다 모터를 탑재한 자동차가 더 어울린다. 오리히메에게 인간의 신체보다 뛰어난 점이 있다면 필요에 따라 형태나 디자인을 바꿔 다양한 환경에 적응시킬 수 있다는 점이다.

작아서 어디든 운반할 수 있고, 좁은 방에 많이 넣을 수도 있다. 드론 형태로 만들어 공중에 띄울 수도 있다. 여러 개의 몸을 갈아타면 순간 이동도 할 수 있다. 당연한 말이지만, 추위나 더위에 신경 쓰지 않아도 된다.

사람과 접촉해도 알 수 없는 바이러스에 감염될 일은 없을 것이다. 다만 산소보다 전기와 인터넷이 필요할 뿐이다.

오리히메의 목적을 생각하면 굳이 사람처럼 만들 이유가 없다. 로봇이 인간의 모습을 닮을 필요가 있을까?

어떤 목적을 위해 아이디어를 구상할 때는 '반드시 이래야만 한다'라는 고정관념을 버리고, 백지상태에서 시작하는 것이 중요하다.

지금의 우리도 미래의 사람들이 봤을 때는 어차피 '인간형 인간'에 불과할 테니 말이다.

대단한 것이 아니라
지금까지 완성된 것을
보여준다

막대한 시간과 돈, 노력을 들여
발명품을 완성하고 나면 당연히 칭찬만 듣고 싶다.
그러니 무언가 만든다면
초기 단계에 선보이자.
그리고 솔직한 반응을 살펴보자.

새로운 것을 만들 때 내가 지키는 원칙은 단순하다.

'빨리 만들어서 빨리 시험해볼 것, 빨리 실패해서 제품화할 수 없는 이유를 발견할 것'.

속도는 매우 중요하다. 만들기 전에 너무 오래 생각하면 그런 게 가능할 리 없다는 생각이 들어 자칫 포기해버릴 수도 있다.

실제로 만들어 보고, 경험하는 실패에는 큰 가치가 있다.

아직 완벽하지 않더라도 일단 만들어서 주변에 알리고, 사용해보고 싶어 하는 사람을 찾아낸다. 그리고 그 사람이 사용해본 결과를 관찰한다.

이런 과정을 거치면 그 물건을 실제로 사용할 수 있을지 없을지 빠르게 판단할 수 있다.

예를 들어 "총 10억 원을 투자해 만들었다" "제작 기간만 3년이 걸렸다"라는 식으로 이야기하는 제품은 완성 후 아무도 좋아하지 않는다는 사실을 알아도 쉽게 포기할 수가 없다.

하지만 10만 원 정도 들여 사흘 동안 열심히 만든 물건이 '그냥 그렇다'라는 사실을 알면 물론 아쉬운 마음도 들겠지만, 얼른 다음 단계로 넘어갈 수 있다.

자신이 만들고 싶어 하는 물건을 다른 사람이 과연 좋아할지, 제품에 만족스럽지 못한 점이 없는지는 일찍 알아차리는 편이 낫다.

예를 들어 무언가를 제작할 때, 3D 프린터나 골판지, 고무 밴드, 포장용 종이테이프 등으로 만들길 추천하는 까닭은 저렴한 비용으로 빠르게 시제품을 만들 수 있기 때문이다.

여러 사람이 관여하거나 비용과 시간을 많이 들이면 그만큼 돌이키기가 어려워진다. 인류의 역사를 보더라도 그러한 사례는 얼마든지 많다.

그러므로 옴짝달싹하지 못하는 상황이 되기 전에 일단 시제품을 신속히 제작해서 그것을 당장 써볼 수 있는 사람에게 가져가 직접 사용하게 해보는 것이다. 구하기 쉬운 재료로 구체적인 형태를 만들어 사람들에게 제품의 느낌을 보여주는 것이 효과적이다.

새로 만든 물건을 남들에게 선보이려면 용기가 필요하지만, 되도록 일찍 그렇게 함으로써 스스로 깨닫지 못하는 점을 조기에 알아차릴 수 있다.

내가 오리히메 1호를 만든 것은 대학생 때였는데, 그 당시에 나는 제작 중이던 오리히메를 남들에게 좀처럼 보여주질 못했다. 처음에는 반년 안에 완성하는 것을 목표로 삼았지만, 남들에게 선보이기까지 결국 1년 반이 걸렸다. 심지어 입원 중인 아이가 사용하고 기뻐하는 모습을 보기까지는 무려 2년 반 이상이 걸렸다.

지금 생각해보면 그때 내가 한 행동은 매우 위험한 일이었다. 결과적으로는 사람들이 좋아해주어서 다행이었지만, 그때 만약 반응이 좋지 않았다면 어떻게 되었을까. 물론 그랬어도 좋은 경험이었으니 마냥 쓸데없는 짓은 아니었겠지만, 2년 반 동안 들인 노력이 물거품이 되었다면 몹시 좌절했을 테고, 후회도 컸을 것이다.

아직 완성하지 못했거나 미숙하다고 해서 부끄러워할 필요는 없다. 모르는 점은 '지금 이런 것까지는 해결했는데, 실은 이러이러한 부분이 고민'이라고 솔직히 말하면 된다. 이는 무언가를 만들거나 표현하거나 도전하는 사람이라면 누구나 거쳐야 하는 과정이다. 여러분의 미숙

함이나 실패를 비웃는 선배는 없을 것이다.

물론 처음부터 칭찬하는 사람도 거의 없을 것이다. 어쩌면 제대로 상대조차 해주지 않을 수도 있다. 여러분과 친한 사람조차 말이다. 다들 각자 해야 할 일이 있으니 자기 일만 하기에도 바쁠 테니까.

그래도 포기하지 말고 사람들에게 내가 만든 물건을 알리고, 솔직한 소감을 말해줄 만한 사람을 찾고, 인정해주는 선배에게 조언을 구하자.

솔직히 말하면, 새로운 도전 가운데 99%는 실패할 것이다.

그리고 무심한 인간들에게 "실패했어? 이상한 소리나 하고 다니더니……"라고 비웃음을 받을 것이다. 그래도 괜찮다. 사람들에게 완벽한 모습만 보여주려 하면 그만큼 선택지가 줄어들 뿐이다.

처음부터 완벽한 사람은 없다. 누구보다도 더 많은 시도와 오류를 거듭하면서 경험치를 쌓아가자.

반복되는 실패에도 끊임없이 도전하는 사람만큼 멋있는 사람은 없다.

4
교시

The place that you can find your passion

누군가에게
신호를 보낸다

이 넓은 세상,
다른 사람을
만나러 간다

나의 능력은 나의 노력만으로 결정되지 않는다.

"그게 무슨 의미가 있어?"라며 무시하는 사람도 있지만,

"정말 대단하다!"라며 기뻐해주는 사람도 있다.

나와 맞는 세계를 끊임없이 찾아야 한다.

- 하고 싶은 일을 찾지 못하겠다.
- 언젠가 하고 싶은 일은 있지만, 지금 당장 해야 할 일은 모르겠다.
- 당장 무엇을 해야 하는지 알지만, 방법을 모르겠다.
- 방법은 알지만, 어디에 가서 누구의 허락을 받아야 하는지 모르겠다.

우리는 이 중 어디에 해당할까?

인간은 살면서 실로 다양한 알 수 없는 상황에 직면하게 된다.

그러기에 나는 여러분이 많은 사람을 만나고 다양한 사고방식을 접하길 바란다. 다른 사람을 만나 대화를 나누려면 그만큼 시간을 들여야 하고, 또 그런 일에 서투를 수도 있다. 하지만 다른 사람과의 교류는 여러분이 스스로 깨닫지 못하고 있는 자신의 재능이나 관점, 호기심의 존재를 알아차리게 해준다.

좋은 대학교를 나와 좋은 회사에 들어가고, 돈을 많이 벌고, 좋은 사람을 만나 결혼하고, 집을 사서 아이를 잘 키우는 행복한 인생의 길. 그런 삶을 위한 조언은 이미 세상에 많이 있다. 하지만 그런 조언들이 '이게 정말 내가 하고 싶은 일이 맞나?' '어떻게 사는 것이 행복한 것일까?'라는 불안감을 해소해주지 않는다.

우리는 학교에서는 성적으로, 운동회에서는 체력으로, SNS에서는 팔로워 수로 평가를 받는다. 그리고 어른이 되면 연봉이나 사회적 지위, 사는 지역, 자녀들이 다니는 학교로 평가를 받는다. 물론 그런 세상이 살기 편한 사람은 상관없다. 하지만 그런 사회가 즐겁지 않거나 피곤한 사람도 있다. 자신이 틀렸다는 생각에 삶에서 도망치고 싶어질 때도 있다.

하지만 우연한 만남을 계기로 '이 세상에는 그런 사람들만 있는 게 아니었어.' '이런 식으로 생각하는 사람도 있구나'라는 사실을 깨닫고, 한순간에 시야가 넓어지는 감각을 맛볼 수도 있다.

학교나 직장, 소속된 사회가 오직 하나라면 그곳의 가치관이나 그곳에서의 자기 평판 등이 마치 이 세상의 전부인 듯한 착각에 빠지기 쉽다. 이런 사람은 변화에 취약하고, 살아가는 데 어려움을 겪는다.

나는 여러분이 다양한 세상을 들여다보고, 다양한 가치관을 접했으면 한다. 여러 커뮤니티에 가입해보거나, 만약 겁난다면 곁에서 살펴보기라도 했으면 한다.

나처럼 검은색 가운만 입고 다니는 사람은 세상에 그리 많지 않다.

15년 전에는 이런 내 모습에 거부감을 느끼는 사람이 많았다. 이러한 나를 받아들여주는 사람도 없었고, 고등전문학교 시절에는 이런 모습 때문에 친구를 사귀지 못했고, 부모님도 속상해하셨다.

그때는 그것이 현실이라 생각했다. 나 자신이 이상한 것일 수 있다고 생각했다.

만약 1만 명 가운데 한 명밖에 이해할 수 없는 취향을 지녔다면, 작은 사회에서는 주변 사람들에게 이해받기 어려울 것이다.

하지만 인터넷 세상은 넓다. 그곳에서는 "정말 좋은데!"

"나도 지금 막 흰색 가운을 검은색으로 염색했어!" "나는 빨간색 가운을 만들었어!" "녹색 화염방사기를 쏠 거면 흰색보다 검은색 가운이 좋아!"라고 말해주는, 취향이 남다른 괴짜들과 만날 수 있었다. 정말 가슴이 두근거렸다.

장소나 환경은 상관없다. 자신과 비슷한 감성을 지닌 사람. 그런 사람이 있다면 여러분은 주변에서 이해받지 못했던 자신의 가치관을 공유하는 그들과 매우 친해질 가능성이 있다. 나는 실제로 그랬다. 지금까지도 관계를 이어오고 있고, 그중에는 대단한 활약을 펼치고 있는 이도 있다.

요즘은 예전처럼 불편함을 참아가며 친구를 만들어야 하는 시대가 아니다.

나는 어떤 인간이라는 걸 외부에 널리 알리거나 용기를 내서 새로운 커뮤니티에 발을 들여 신호를 보낼 수 있다. 그러면 나를 재미있게 생각하는 사람이 말을 걸어올 수도 있다. 또 여러분이 먼저 말을 건넸을 때도 나를 더 쉽게 이해해준다. 관심을 보이면 답을 얻을 기회가 늘어난다.

그리고 자신의 재능, 하고 싶은 일이 뭔지 아직 모르는 사람도 많은 이들과 교류하다 보면 자연히 하고 싶은 일을 깨닫게 된다.

"그때 그 자리에 있었기에 지금의 내가 있다"라고 많은 어른이 말한다. 열다섯 살 때까지 집에만 틀어박혀 남들과 이야기하는 데 서툴렀던 나도 마음이 맞고, 동경하는 사람들과 만날 수 있었기에 지금의 내가 되었다. 운이 좋았다고 한다면 그 말도 맞다.

하지만 잘 생각해보면 지금까지 이렇게나 많은 사람과 만나왔는데도 아직 세상엔 만나지 않은 사람이 압도적으로 많으니 오히려 운이 나쁜 편이었는지도 모르겠다.

앞으로 누구를 만나느냐에 따라 여러분의 인생은 크게 바뀔 것이다.

좋은 사람과 만나려면 그 방법뿐만 아니라, 횟수도 중요하다. 많은 시도와 많은 실패를 지나야 한다.

나를 괴롭히거나 반대하거나 무시하거나 상처 주는 이

들도 사람이지만, 칭찬하거나 재능이 있다고 말해주고, 가치를 발견해주고, 성장할 기회를 주는 이들도 역시 사람이다.

언젠가는 마음이 잘 맞는 사람하고 우연히 마주칠 확률을 높여주는 '커뮤니케이션 기기'를 만들고 싶다.

나를
인정해주는 사람
곁에 있는다

나의 가치를
인정해주는 사람 곁에 있자.
그 사람을 위해 힘을 낼 수 있다면
정말 행복한 일이다.

초등학생 때 싫어한 것 중 하나가 청소였다. 청소를 해도 아무도 칭찬해주지 않고, 깔끔한 것을 좋아하지도 않았으니까.

선생님이 청소를 시켰을 때, 같은 청소 당번인데도 도망가는 녀석이 있으면 정말 화가 났다.

누가 하기 싫은 일을 시키면 '나도 참는데 너도 참아야 하는 것 아니야? 너도 나처럼 손해를 보라고!'라는 부정적인 마음이 든다. 반면, 자신이 좋아하는 일이나 열중해 있는 일로 누군가가 기뻐하면 감사하는 마음이 생긴다. 맛있는 것을 사주고, 선물을 보내고, 그들을 위해 한없이 열심히 하고 싶어진다. 게다가 좋아서 열심히 하는 일은 꾹 참고 하는 일보다 다른 사람을 훨씬 기쁘게 한다.

식당에 가도 뚱하게 하기 싫은 표정으로 일하는 직원보다 즐겁게 웃으며 일하는 직원에게 서비스를 받고 싶다. 그런 직원에게 서비스를 받으면 나도 기분 좋게 인사하고 싶다. 그러면 상대방도 더 보람을 느끼는 선순환이 일어난다.

사람은 인내와 노력만으로 행복해질 수 없다. 좋아하

는 일을 하고, 그것을 칭찬하거나 기뻐해주는 사람 곁에
있는 것은 매우 중요하다.

흔히 좋아하는 일을 직업으로 가지라고 말하는데, 좋
아하는 일과 기쁨을 주는 일은 반드시 일치하지 않는다.
취미나 특기를 살릴 수 있는 업계를 선택하는 사람은 많
지만, 내 실력보다 한참 위에 있는 사람과 일을 하면 칭찬
받기 어렵고 내가 정말 필요한 존재라는 인정을 받지 못
해 피곤해진다. 남들에게 칭찬받으며 좋아해서 선택한
일이 거기서는 그저 단순한 업무가 되어버린다.

하지만 나와 같은 능력을 지닌 사람이 없는 업계에서
는 나를 믿고 칭찬해준다. 그러면 인정받는다는 기쁨에
더 열심히 하게 되고, 한층 더 실력을 발휘하기 위해 공부
도 하고 싶어진다.

좋아하는 일과 열중하는 일을 지속하려면 '어디에 있
어야 할까?'를 고민하고 선택해야 한다.

많이 웃고, 대답한다
반응이
나를 자라게 한다

나의 마음을 상대에게 전하는 것은
생각보다 쉽지 않다.
상대에게 먼저 반응하고,
상대의 반응을 받아들이자.

'반응이 사람을 자라게 한다'라는 것이 내 지론이다.

나 자신은 그리 대수롭지 않게 생각했는데, 남들이 크게 기뻐하거나 "대단해"라고 외치면 그제야 '그게 대단한 거였구나'라고 자신의 재능을 알아차릴 때가 있다.

반대의 경우도 마찬가지이다. 아무리 애써도 반응이 없거나 무시를 당하면 기분이 너무 나쁘다. 다음부터 열심히 해야겠다는 마음도 사라진다.

"칭찬은 고래도 춤추게 한다"는 말처럼, 칭찬으로 성장할 수 있다면 당연히 칭찬받는 장소에 있는 편이 좋다.

천재는 뜬금없이 태어나는 것이 아니다. 그 사람의 재능을 알아차린 사람이 있고, 칭찬하는 사람이 있고, 기뻐해주는 사람이 있을 때 비로소 천재가 된다.

그래서 인간의 커뮤니케이션에서 '잡담'이라는 반응이 오가는 것이다.

어릴 적에 나는 아무런 생산성도 없고, 남는 것도 전혀 없는, 이런 잡담이라는 행위에 대체 무슨 의미가 있을까 싶었다. 그래서 명절에 술잔을 주고받으며 별로 의미 없는 이야기를 왁자지껄 떠들어대는 사람들을 보며 냉소적인 반응을 보이곤 했다.

하지만 고독의 해소를 연구하며, 사람과 사람 사이의 교류에 집중하다 보니 잡담이라는 것의 의미를 생각하지 않을 수 없었다.

처음에는 잡담에 잘 끼지도 못하고 자꾸만 밖으로 밀려나 무척이나 고생했다.

하지만 그러다 어느 순간 상대가 하는 이야기에 내가 과장되게 반응하면 신이 난 상대가 이야기를 계속한다는 것을 알았고, 내가 한 말이나 한 행동에 누군가가 크게 웃어주거나 기뻐하면 기분이 좋아진다는 것을 깨달았다.

너무 과장이 심하면 거짓말처럼 보이겠지만, 상대가 조금이라도 대단한 일을 하거나 내가 모르는 이야기를 했을 때 평소보다 조금만 크게 반응하면 커뮤니케이션이 원활해진다.

상대에게 좋은 반응을 보이면, 상대도 기분이 좋아져 나의 이야기에 좋은 반응을 보일 것이다. 상대를 칭찬하면 나도 칭찬을 받기 쉽고, 상대를 치켜세워주면 나도 치켜세워져 정신을 차리고 보면 고래처럼 춤추고 있을 것이다.

  거칠게 말하자면, 잡담의 목적은 서로 즐거워지는 것이다. 그리고 즐거워지는 데에는 '반응'이 효과적이다.
  이러한 생각은 평소에 하는 연구로까지 이어졌다. 그즈음 몸을 거의 움직이지 못하는 한 동료가 오리히메에 '손'이 꼭 필요하다는 이야기를 했다.
  그 이야기의 의미를 실제로 손을 달아본 후에 알았다. 웃거나 고개를 끄덕이는 것조차 하지 못하던 루게릭병 환자가 주변 사람의 대화에 반응하거나, 곧바로 "뭐라는 거야" 하며 면박을 줄 수 있게 되자 커뮤니케이션이 한결 즐겁고 원활해졌다.
  요즘은 재택근무가 당연한 일이 되었다. 재택근무는 편한 데다 편리하기까지 하다. 외출하지 않아도 되고, 옷을 갈아입지 않아도 되며, 업무에 집중할 수 있다. 전철이나 차를 타지 않아도 되고, 더운 여름이나 장마철, 꽃가루나 바이러스 걱정을 할 필요도 없다.

하지만 그로 인해 불가능해진 것도 많다. 누군가를 만나는 일이나 동료 의식을 갖는 것, 남에게 인정받는 일이 사무실에 근무할 때처럼 가능하려면 어떻게 해야 할까 하는 과제를 많은 사람이 깨닫고 있다.

고객이 즐거워하는 느낌, 동료가 곁에서 내 이야기에 고개를 끄덕여주고 살며시 웃어주는 일, 눈길을 보내주는 일……. 그런 소소한 반응이 우리의 행동을 움직이고, 자라게 한다.

많이 웃고, 많이 반응하자. 거짓말을 할 필요는 없지만, 재미있으면 "정말 재미있다!", 맛있으면 "정말 맛있는데!"라고 하자. 감사하면 거기서 그치지 말고 '감사하다'고 피드백을 보내자.

칭찬을 받았다면 오만해지거나 방심하지 말고, 상대의 반응이나 응원을 받아들여 이를 온전히 자신을 성장시키는 힘으로 바꾸자.

대선배와
친구가 된다

앞으로는 소수의 젊은이가 다수의 노인을 책임져야 하는,

젊은이가 손해 보는 시대라고 한다.

하지만 반대로 생각해보자.

하고 싶은 일을 정하기만 하면

수많은 선배가 응원해주는 시대이기도 하다.

예전 사회에는 젊은이가 많았고, 그들이 소수의 노인을 경제적으로 지원했다.

지금은 노인 수는 늘고, 반대로 젊은이 수는 줄어들고 있다. 그래서 "앞으로는 젊은이 한 명이 많은 고령자를 부양해야 하는 힘든 시대가 될 것"이라고 많이들 이야기한다. 이는 변치 않는 사실이다. 하지만 잘 알지 못하는 이점도 있다.

생각을 달리하면 인구의 역피라미드 시대는 오히려 젊은이들에게는 기회일 수 있다. 왜냐하면 예전과 달리 지금은 인터넷이 존재하고 변화가 빠른 시대이기 때문에 경제력이나 인맥이 뛰어난 대선배들과 연결되기도, 친구가 되기도 쉬운 시대이기 때문이다.

예전에는 지식과 정보를 책이나 신문을 통해 접하거나 부모 또는 선생님, 덕망 있는 분에게 배우는 것을 당연시했다. 선배란 우리와 같이 공부하지만, 우리보다 아는 것이 많은 존재였다.

하지만 지금은 다르다.

여러분은 부모님이나 선생님, 선배가 모르는 정보를

많이 알고 있다. 스마트폰만 손에 있으면 쉽게 정보를 얻을 수 있는 시대가 되었으니까.

내킬 때마다 인터넷으로 재미있는 동영상을 보거나 음악을 듣거나 영화나 만화·유튜브를 보면 온갖 잡학과 지식, 그리고 경험을 무한대로 흡수할 수 있다. 심지어 여러분이 어른보다 훨씬 잘 알고 있는 것들도 있다.

어릴수록 적응 능력이 뛰어나다.

그래서 많은 어른보다 최첨단 디지털 기기에 더 쉽게 적응한다. 온라인 서비스도 잘 다룬다. 스마트폰의 입력 속도, 동영상 촬영 편집, SNS 팔로워 수 늘리기, 게임 공략 등도 훨씬 잘한다. 젊은 만큼 인생 경험이 짧고 기회가 적다는 핸디캡을 테크놀로지와의 접속을 통해 보충하는 '사이보그 세대'인 셈이다.

다만 그렇다고 해서 '그럼 앞으로는 젊을수록 유리한가?' 하고 우쭐해져서는 안 된다.

선배들은 인터넷으로는 얻기 힘든 인생 경험이나 인맥, 자금력 같은 점에서 더 많은 내공이 있다. 어느 쪽이 위나 아래가 아니라, 양쪽 모두 각자 잘하는 분야가 달라졌다.

지금까지 100여 년에 걸쳐 세계적으로 남녀평등화가 일어났다. 이러한 변화도 오랜 인류 역사에서 보았을 때는 불과 얼마 전의 일이고, LGBT(레즈비언lesbian과 게이gay, 양성애자bisexual, 트랜스젠더transgender의 앞 글자를 딴 것으로, 성적소수자를 의미한다 – 역주) 같은 성적 소수자에 대한 이해도 최근에야 넓어졌다. 그리고 앞으로의 시대에 일어날 변화는 '노소(老少) 평등화'일 것이다.

'남녀 둘이 같이 있으면 연인'이라고 보던 시대는 이제 지나갔다. 앞으로는 성별과 무관하게 누구나 친구 또는 연인을 만들 수 있으며, 수십 살 차이 나는 사람들끼리도 친구가 되는 일이 일반화될 것이다.

나는 지금 서른세 살이기 때문에 여러분 세대와 예전 세대의 중간자적 입장에서 중요한 이야기를 전하고 싶다.

요즘의 어른들은 젊은이를 '이끌고' '가르치고' '키우는' 존재가 아니다. 오히려 젊은이들과 친구관계를 맺고, 지금 시대에 유행하는 것이나 필요한 지식 등을 배우며 힘을 합치고 싶다고 생각한다.

예를 들어 열네 살짜리 내 친구는 어린이들이 활약하는 이벤트를 기획하고, 크라우드 펀딩을 이용해 어른들에게서 수백만 원 이상을 지원받았다. 그리고 열 살짜리 내 친구는 어른들에게서 수백만 원을 모금받아 해외에 갈 비행기표를 사고 그곳에서의 활동비로 썼다. 나보다 한참 어리지만 그들의 이야기를 들을 수 있어 나는 무척 기쁘고 즐겁다.

나이 차가 많은 사람과 어울리는 것이 두려울 수도 있다. 하지만 그런 것은 외국인과 이야기하거나 이성과 이야기하길 겁내는 것과 다를 바 없다. 즉, 익숙함과 응용력의 문제이다.

세상에는 나쁜 어른도 많으니 미성년일 때는 신뢰할 수 있는 어른과 상의해가면서 나와 맞지 않는 사람을 잘 구분하는 연습을 해나가자.

젊은이 수가 적은 시대에는 오히려 대선배들 쪽에서 먼저 젊은이에게 호감을 사거나 친구가 되어달라고 애써야 할지도 모른다. 여러분이 좋아하는 유튜버나 아이돌을 응원하고 싶어 하는 것처럼 대선배들 입장에서는 좋아하는 젊은이를 응원하거나 그 젊은이가 활약하는 모습을 지켜보는 게 기쁨일 것이다.

돈이나 인맥이 있어도 자신은 더 이상 꿈이 없어 젊은이나 다음 세대를 응원하는 게 보람이라고 이야기하는 대선배도 많다. 다음 세대는 과연 어떻게 될지, 우리의 미래가 괜찮을지 불안해하는 그들에게는 하고 싶은 일에 열중하는 젊은이가 든든한 버팀목이 된다.

나도 많은 선배님의 도움과 응원을 받아왔다. 고등학교 시절에 구보타 선생님은 밤 11시까지 학교에 남아 시설을 쓸 수 있게 해주셨다. 창업할 돈이 없을 때, 거의 공짜로 돈을 빌려준 선생님도 계셨다. 몸을 제대로 움직이지 못하는 50세 연상의 지인은 "20대 청년과 함께 새로운 일에 도전할 수 있다니 즐겁네"라며 기뻐하고, 만날 때마다 늘 밥을 사주셨다.

내가 알지 못하는 것들을 가르쳐주는 연하의 선생님도

있다. 10대부터 50대 정도까지 섞여 이야기를 나누는 모임도 종종 있어 매일 새로운 발견을 한다.

학교에서 동급생과 이야기를 나누지 않아 친구가 선생님밖에 없는 사람도 있을 것이다. 나도 비교적 그런 편이었다. 하지만 앞으로는 같은 세대하고 마음이 맞지 않으면 다른 세대의 커뮤니티에 놀러 가는 일도 흔해질 것이다.

남녀노소가 모두 평등한 사회. 상대방이 누구든 마음 맞는 사람과 친구가 되고, 서로를 존중하며 인정해주는 시대가 오고 있다.

포기하지 말고
꾸준히
신호를 보낸다

마음이 맞는 사람을 찾는 것은 매우 힘들다.
하지만 이렇게 넓은 세상에
마음 맞는 사람이 단 한 명도 없다는 건 말이 안 된다.
좋은 사람과의 만남이 나의 인생을 만든다.
중요한 점은 포기하지 않는 것이다.

내가 만든 분신 로봇 오리히메.

내가 등교 거부를 할 무렵에 만약 오리히메가 있었다면 그것 덕분에 학교에도 다니고, 친구들과의 관계도 유지할 수 있었을지 모른다. 오리히메는 그런 생각에서 시작되었다.

하지만 오리히메를 만들고 3년 반이 지났을 때, "그것만으로는 부족하다"고 말하는 사람이 나타났다.

훗날 내 파트너이자 친구가 된 반다 유타(番田雄太)라는 남자였다.

나이는 나보다 한 살 어렸다. 그 당시 내가 스물여섯 살, 반다는 스물다섯 살이었다. 반다는 네 살 때 교통사고로 인해 목숨은 건졌지만, 척수손상이라는 중증 장애를 입었다. 그래서 목 아래쪽을 전혀 움직일 수 없게 되었고, 감각도 사라졌다. 숨 쉬는 것조차 호흡기를 연결해야만 가능한 몸이 되었다.

그 후 20년 동안 반다는 지방 작은 소도시의 한 병원에서 아무것도 하지 못하는 상태로 지냈다.

초·중·고뿐만 아니라 당연히 대학교도 가지 않았다.

병실로 부모님과 방문 교육 선생님이 찾아오는 게 고작이었다. 친구도 거의 없었다. 같은 병실에 있던 아이들도 대화를 나눌 수 있는 상태가 아니었고, 반다를 남겨 둔 채 하나둘씩 세상을 떠났다. 반다는 그저 눈으로만 배웅할 수밖에 없었다.

그의 사연을 알게 된 나는 소름이 끼쳤다. 나도 3년 반 동안 등교 거부를 한 경험이 있지만, 그래도 몸은 움직일 수 있었다. 취미로 종이접기도 할 수 있었다. 그런데도 심리적으로 힘들었다. 네 살 때부터 천장만 바라보고 지낸 반다는 삶이 지옥이겠다는 생각이 들었다.

반다가 견딘 시간은 20년이었다. 내가 고등학교에서 휠체어를 만들던 때에도, 고등전문학교에서 인공지능 친구를 만들려고 했던 순간에도, 대학에서 각종 동아리에 닥치는 대로 가입해 커뮤니케이션 장애를 극복하려고 했던 시기에도, 스스로 연구소를 설립하고 로봇을 개발하던 동안에도 반다는 혼자서 천장만 바라보고 있었다.

반다는 목 아래쪽을 전혀 움직이지 못했지만, 방문 교

육 선생님이 턱에 펜마우스를 얹어 컴퓨터를 조작할 수 있게 해준 덕분에 열 살 때부터 컴퓨터를 다루었다.

이윽고 인터넷이 보급되었고, 인터넷에 접속한 그는 자기 나름대로 병원 밖 세상을 알아갈 수 있었다.

스스로 공부하며 자신의 웹사이트도 만들었다. 동영상도 촬영했다. 좋아하는 가수의 노래를 들었다. 블로그와 SNS가 등장하고부터는 닥치는 대로 계정을 등록해 자기 생각을 적어나갔다.

그의 블로그에는 이런 글이 적혀 있었다.

"저와 함께 제 바람을 구체적인 형태로 만들 누군가 계십니까?"

하지만 상대해주는 사람이 아무도 없었다.

반다는 다양한 비영리단체(NPO) 법인이나 유명인에게 인터넷을 통해 연락을 취했지만 좀처럼 반응이 없었다. 친구와 싸우거나 화해하는 등 실제 인간관계에서 실패와 성공을 쌓아본 경험이 없는 반다의 이야기는 두서가 없었고, 갈망하는 마음은 강했지만 고집이 너무 셌다.

처음에는 친절한 마음으로 그를 도와주던 사람도 갈수록 힘들어하다가 그를 떠나버렸다.

그렇지만 반다는 포기하지 않았다.

그는 자신의 상황을 어떻게든 바꾸려고 몇 년 동안 6,000명 넘는 사람에게 메일을 보냈다. 그러던 어느 날, 한창 오리히메를 개발하고 있던 나에게 그가 페이스북으로 메시지를 보내왔다.

그때 나는 '모두의 꿈 어워드'라는 비즈니스 콘테스트의 최종 심사를 앞두고 있었는데, 대회 웹사이트에 참가 내용이 게재된 것을 보고는 연락을 해온 것이었다.

메일을 주고받으면서 처음에는 좀 별난 사람이라고 생각했지만, 그의 페이스북을 통해 그가 어떤 삶을 살고 있는지 알자 소름이 끼쳤다. 그와 동시에 그와 만나고 싶은 마음이 강렬하게 생겨났다.

'하지 못하는 일에는 가치가 있다.' 그것이 내 지론이다.

하지 못하는 일이 있는 사람은 그 일에 대해 누구보다 많이 생각할 수 있다.

몸을 움직일 수 있는 사람은 몸을 움직이는 고마움에 대해 깊이 생각할 이유가 없다.

나는 반다의 이야기를 듣고 싶어 그와 메일을 주고받기 시작했다.

"오리히메를 이용해 가고 싶은 곳이 있어?"라고 물어도 그는 속 시원한 답을 내놓지 않았다.

회사도, 학교도, 그 어디에도 소속되어 있지 않은 반다는 분신 로봇이 있다고 해도 애초에 만나고 싶은 친구나 가고 싶은 장소가 거의 없다고 했다.

나는 메일을 주고받는 것에 그치지 않고 반다에게 오리히메 실험 기체를 접속하게 한 후 감상을 물어보았다.

"지난 20년간 저는, '하루라도 더 살 수 있도록 오늘은 아무것도 하지 말자'는 말을 들으며 살아왔습니다. 같은 병실에 있던 아이들은 병원 밖 세상을 보지도 못한 채 떠나버렸는데, 저는 친구들에게 아무것도 해줄 수가 없었어요. 저는 내일 죽어도 좋으니 오늘의 삶을 살고 싶어요."

"누워 지낸다는 이유만으로 뭐든지 참아야 하는 겁니

까? 주위 사람들에게 항상 감사해야 하는 겁니까? 밖에 나가는 것이 그리 특별한 일은 아니잖아요. 남들처럼 학교에 가거나, 햇볕을 쬐며 쉬거나, 일하고 싶은 마음이 왜 사치스럽다고 하는 겁니까?"

반다는 자신이 처한 상황을 어쩔 수 없는 것이라고 생각하지 않았다. 같은 세대의 사람들이 하는 평범한 일들을 조금도 포기하려 들지 않았다.

우리는 서로가 생각하는 고독에 대해 이야기를 나누다 결국 의기투합했고, 나는 가지고 있던 쌈짓돈을 털어 반다를 내 비서로 고용했다.

하지만 비서라고는 해도 반다는 비즈니스 메일을 주고받을 줄도 몰랐고, 전문 지식도 없었다. 하지만 그런 부분은 차차 배워나가기로 하고, 먼저 강연 활동을 시작했다.

반다는 "20년 동안 누워 있기만 하는 사람의 이야기를 누가 듣고 싶어 하겠어?"라고 했지만, 그 어느 대학에서도, 복지 심포지엄에서도 입원 중인 척수손상 환자를 만나본 적이 없었다.

청중들은 반다가 이야기하는 '그가 살면서 느낀 점'을 집어삼킬 듯이 들어주었고, 그의 짧은 강연이 끝나면 박수갈채를 보냈다.

반다가 가치 없다고 느꼈던 남들과 다른 삶. 그 삶이 많은 사람의 관심을 끌었다. 강연이 끝난 뒤, 나와 반다는 수많은 사람에게 둘러싸였다. 그 일이 많이 기뻤던 반다는 나중에 직접 디자인한 명함을 우편으로 보내 주었다.

여담이지만 반다의 명함을 사람들에게 나누어준 것도, 받은 명함을 나중에 스캔해서 반다에게 보낸 것도 나였다. 이래서야 누가 비서인지 모르겠다. 하지만 그렇다고 반다에게 "너는 명함 교환 같은 것을 할 필요 없잖아."라고 말하고 싶지는 않았다.

둘 중 누군가 하나는 참고 견뎌야 한다. 이럴 때 도움이 되는 것이 기술이다. 이것이 반다 자신이 직접 명함을 교환할 수 있는 장치를 개발하는 계기가 되었다.

'사람들 앞에서 내 이야기를 했더니 좋아해준다. 이런 나도 남들에게 무언가를 전할 수 있구나.'

219

그런 생각을 한 반다는 내게 함께 강연 연습을 해달라고 부탁했다. 반다가 말하고 싶어 하는 내용을 원고로 만든 다음, 그것을 좀 더 전달하기 쉬운 방향으로 둘이서 고쳐 나갔다.

반다와 내가 다투는 일도 많았다.

"오리히메는 이대로는 안된다니까!"

"용건이 있을 때만 찾지 말고, 용건이 없을 때도 내가 필요하게 만들어봐!"

하는 식이었다. 하지만 대부분은 이튿날이 되면 자연스레 평소처럼 대화하고, 어제 어떤 점이 마음에 들지 않았는지 냉정하게 상의하고 대책을 강구했다.

이윽고 나와 반다의 2인조 강연이 세상의 주목을 끌기 시작하자 전국에서 강연 의뢰가 들어왔다.

명함을 준 사람들에게 반다가 턱을 이용해 일일이 장문의 감사 메일을 보낸 것도 반응이 좋았다. 반다의 문장력은 처음엔 도저히 비즈니스 메일이라곤 생각할 수 없는 수준이었지만, 강연 후였기에 상대방도 반다가 어떤 사람인지 이미 알고 있었다. 세상을 배우며 성장하고 있다는 점도 반다의 강점이 되었다.

강연을 계속하면서 반다의 문장력은 조금씩 나아졌다. 강연과 관련한 사전 협의에도 동석하고, 내 일정까지 조정할 수 있게 되었다. 그러다 강연료 조정까지 직접 했다.

반다에게는 강연 이외에도 해야 할 중요한 일이 하나 더 있었다. 바로 오리히메 이용자로서 개선점을 제안하는 일이었다.

누워만 있던 사람을 고용했더니 주변에서 내게 "사회적으로 좋은 일을 하시네요."라고 칭찬했지만 전혀 그렇지 않다.

내가 반다를 필요로 한 것은 20년 동안이나 몸을 움직인 적이 없다는, 대부분의 사람은 가지지 못한 반다의 특성을 강점으로 느꼈기 때문이다. 이것은 그의 능력이다. 반다는 몸을 움직이는 일이 '불가능하다'. 따라서 몸이라는 것이 인간에게 어떤 효과를 끼치는지 나보다 훨씬 잘 알고 있으리라 생각했다. 결과는 바로 나왔다. 오리히메에 손을 붙여야 한다고 말한 사람이 바로 반다였다.

오리히메의 손은 무언가를 잡을 수 없다. 하지만 손은 무언가를 잡기 위해서만 필요한 게 아니다. 네 살 때부터 20년 동안 목 아랫부분을 움직인 적 없는 반다는 손의 커뮤니케이션 능력을 직감적으로 이해하고 있었다.

손을 붙이자 극적인 효과가 나타났다. 손을 달지 않은 오리히메보다 주변 사람들에게 훨씬 좋은 인상을 주고 인간미도 높아졌다. 반다는 종종 손을 흔들고, 상대편도 손을 흔들게 했다. "역시 손이 없으면 별로예요. 사람 같지가 않아요"라며 반다는 웃었다.

로봇이나 휠체어도 쓰임이 있어야 의미를 지닌다. 반다처럼 오리히메를 매일 사용하고 심지어 '오리히메가 하지 못하는 일' '오리히메로 잘 안 되는 일'을 발견할 사람이 있다는 게 내게는 참 감사한 일이었다.

반다 덕분에 어떻게 하면 그것이 가능할지 궁리하고 묘안이 생기면 바로 실험할 수 있었다. 그리고 반다는 할 수 있는 일이 점점 더 늘어났다. 반다와 만나 의기투합하지 않았다면 오리히메는 지금의 형태가 되지 않았을 것이다.

반다는 오리연구소에 근무하는 일을 취재하러 온 텔레비전 방송 관계자에게 "제가 필요한 존재하는 사실이 기뻤어요"라고 말했는데, 정말이지 반다는 오리연구소에 없어서는 안 될 존재가 되었다.

오히려 반다는 이제 나 없이도 혼자서 강연을 하고, 스스로 영업도 할 수 있게 되었다. 자연스러운 비즈니스 메일도 보낼 수 있게 되었다. 몇몇 회의에 참석해 의사록을 작성하거나, 일정을 조정하거나, 프레젠테이션 자료를 만들기도 했다.

반다는 훗날 독립해서 자신의 회사를 설립하고, 자신처럼 누워 지내는 어린이들을 응원하는 간병인 사무소를 차리고 싶다고 했다.

반다는 비즈니스 콘테스트에도 응모해 1차 심사를 통과했다. 2차 심사는 그룹 과제였는데 반다는 그 자리에 오리히메로 참가했고, 함께 공부할 수 있는 친구가 있다며 좋아했다. 아쉽게도 2차 심사는 통과하지 못했지만, 그래도 포기하지 않고 또 도전하겠다고 했다.

그리고 미래에는 지금까지 계속 자신을 돌봐주신 부모님이 편히 쉴 수 있도록 도시로 가서 혼자 살고 싶다고 했다. "음식점을 차려 오리히메와 같이 장사를 하고, 내가 만든 요리를 집에 배달시켜 나에게 먹여주면 어떨까?"하며 농담도 주고받았다.

그런데 2017년 3월 무렵부터 반다의 몸 상태가 급격히 악화되어 더는 연락을 주고받을 수 없게 되었다. 반다는 중환자실에 입원했고, 문병 갔을 때도 이미 대화가 거의 불가능했다.

그런 와중에도 반다는 "회사 사람은 어떻게 되었어?" "너는 지금 괜찮아?"라며 회사와 나를 걱정해주었다. 그 후 다시 병원에 갔을 때는 목소리마저 들을 수 없게 되어 나 혼자 일방적으로 반다에게 말을 건네기만 했다.

2017년 9월, 반다가 죽었다. 향년 28세였다.

나 자신은 서른 살까지 살지 못할 수도 있다며 '인생

30년 계획'을 떠들어댔으면서 정작 반다가 서른 살을 맞이하지 못할 가능성은 전혀 생각하지 못했다는 사실을 깨달았다. 스물네 살 때부터 세상을 넓히기 시작해 다양한 지식과 경험을 흡수하고, 공부하고, 성장해서 이제 막 꽃피우려던 시기였다. 나는 반다의 장례식에서 조사를 낭독하는 동안 원통함에 떨리는 몸을 진정시킬 수 없었다.

반다가 살아온 삶은 거동을 하지 못해 누워만 지내는 사람도 '이렇게까지 할 수 있다' '이렇게까지 변할 수 있다'는 것을 수많은 이의 가슴에 새겨주었다.

반다는 스물네 살까지 학교에 가지 못했고, 친구도 거의 없이 누워만 지내는 상태에서 수많은 사람을 상대로 강연을 하고, 회사에서 일해 돈을 벌었다. 텔레비전에 나왔고, 라디오에서 이야기도 했다. 어머니에게 옷을 한가득 사드리고, 비싼 식당을 예약해 친구인 내게 밥을 사기도 했다.

반다와 농담처럼 이야기했던, 누운 상태에서 일할 수 있는 '분신 로봇 카페'는 반다가 세상을 떠난 후에도 연구를 계속해 그가 죽은 지 1년이 지난 2018년, 외출하기 힘든 10명의 파일럿과 함께 실현되었다.

　　루게릭병 환자, 그리고 이제껏 사회에서 일한 경험이 없는 사람들이 돌아다니는 오리히메·디(Orihime·D)를 이용해 근하는 카페이다. 이제는 동료 약 50명이 오리히메를 이용해 일하고, 사람들과 만나고 성장하면서 새로운 근무 형태를 늘려나가고 있다.

　　모든 것은 반다와의 만남에서 비롯되었다.

　　그러한 만남이 가능했던 것은 반다와 내가 둘 다 끊임없이 정보를 발신하고, 내가 발신한 정보를 반다가 발견하고 연락해온 덕분이었다.

　　이메일 예절도 알지 못해 사람들에게 무시당하면서도 포기하지 않고 6,000명에게 메일을 보낸 것이 그의 인생을 바꾸고 많은 사람에게 희망을 주는 결과를 낳았다.

　　나는 지금도 실험에 계속 실패하고 있으며, 좌절의 순

간이 닥칠 때면 늘 이런 생각을 한다.

'나는 과연 6,000번을 시도했을까?'

마지막
교시

The place that you can find your passion

조금씩, 같이 만들어 간다

내가 루게릭병 환자를 처음 만난 것은 2013년의 일이었다.

친구로부터 '오리히메를 소개하고 싶은 사람이 있다'는 연락을 받고 50대 여성 Y 씨를 만났다. 교사 출신인 Y 씨 댁을 방문하고, 처음으로 루게릭병이라는 난치병에 대해 알게 되었다.

Y 씨는 목 아랫부분을 거의 움직이지 못했고, 팔다리도 몹시 야위어 처음에는 어떻게 대해야 할지 몰라 당혹스러웠다. 그때는 Y 씨가 아직 이야기를 할 수 있는 상태였고, 목부터 위쪽은 건강한 사람과 차이가 없었다. Y 씨는 담배를 피우고 농담을 던지며 그런 나를 놀려댔다.

그녀의 호쾌하고 독특한 캐릭터 덕분에 나는 금세 긴장을 풀었다. Y 씨 댁에는 매일 많은 사람이 방문했고, 그녀를 돌보는 자녀들도 엄마를 몹시 따르는 듯 즐거워 보였다.

다만 현관 앞에 놓인 휠체어를 쓰는 모습은 거의 보지 못했다. 친구가 놀러 와도 자신의 야윈 몸을 보여주고 싶어 하지 않았다. 건강했던 모습만을 기억해주길 바랐다. 그런 마음 때문에 Y 씨는 친한 친구일수록 만나기를 싫어했다. 인터폰 너머로 대화만 할 때도 있었다.

거의 외출하는 일이 없는 Y 씨에게 오리히메라는 로봇을 설명하자 "집 앞에 벚꽃이 피어 있는데 꽃구경을 하러 가자"는 말이 나왔다.

그래서 따님이 오리히메를 들고 Y 씨에게 꽃구경을 시켜주기도 했다. Y 씨는 아이패드 너머로 오리히메가 보고 있는 풍경을 바라봤다. 편의점에 들어가 점원과 대화를 하고 음료수를 샀다. 그리고 벚꽃을 구경했다.

Y 씨는 즐거워했다.

하지만 과제도 있었다. Y 씨 스스로는 오리히메를 전혀 움직일 수 없었다. 그 당시는 오리히메를 조작하려면 키보드나 마우스를 쓰는 등 손을 이용한 움직임이 필요했다. 입에 막대기를 물고 조작하는 방법도 생각해봤지만, 루게릭병은 병이 진행될수록 그런 동작조차 불가능해졌다.

"가능하다면 '예' '아니오' 같은 의사표시를 하고 싶어. 또 가능하다면 우리 집 부엌 모습을 오리히메로 보고 싶어."

방만 나가면 바로 있는 부엌이지만 Y 씨에게는 너무 먼 거리였다. 어떻게 하면 Y 씨가 오리히메를 조작할 수 있을까. 나는 연구팀을 결성해 한 달에 한 번 Y 씨 댁을 방문하기로 했다.

다른 팀원들도 Y 씨와 금세 마음을 터놓게 되었고, Y 씨의 놀림을 받으면서도 늘 웃음이 끊이지 않는 연구를 이어나갔다. 우리는 Y 씨의 눈가에 스티커 형태의 전극을 붙여서 눈을 움직일 때 흐르는 미약한 전기신호를 받아 오리히메의 움직임으로 변환하는 시스템을 고안했다. 그리고 전자상가에서 부품을 산 다음, 햄버거 가게에서 그걸 조립했다.

이 시스템 덕분에 Y 씨는 오리히메를 이용해 주변을 구경하고 원격 조작으로 근처에 사는 친구네 바비큐 파티에도 참석할 수 있었다.

다들 정말 좋아했다. 이토록 일상적인 일들이 Y 씨에게는 이렇게나 먼 세계의 일이었다는 것을 새삼 깨달았다.

그때가 8월이었다. 하지만 9월이 다가오자 Y 씨의 상태가 나빠져 호흡이 점차 어려워졌다. 우리는 Y 씨에게 호흡기를 착용해달라고 부탁했지만 그녀는 거부했다. 무책임하게 "호흡기를 착용해주세요. 살아 있으면 좋은 일이 틀림없이 있을 거예요"라고는 차마 말할 수 없었다.

Y 씨는 2014년 봄에 세상을 떠났다.

Y 씨는 우리에게 하나의 만남을 남겨주었다.

'NPO 법인 ICT 구조대'라는, 몸을 거의 움직일 수 없는 사람들을 위해 스위치 등을 지원하는 단체와의 만남이었다. 좀 더 연구를 계속하고 싶었던 나는 ICT 구조대를 방문해 조금씩 실용화되고 있던 '시력 입력 장치'를 시험해 보기로 했다. 그 결과, 많은 가능성을 발견할 수 있었다. 그리고 이 ICT 구조대를 통해 루게릭병을 앓고 있는 두 명의 중요한 인물을 만났다.

한 명은 그 당시 루게릭병협회 회장이던 오카베 히로키(岡部宏生) 씨이다. 나는 오카베 씨 댁을 방문해 시력 입력이 가능한 오리히메를 조작하게끔 해보았다. 오리히메는 오카베 씨의 눈 움직임에 맞추어 목을 움직였다. "고개를 끄덕일 수 있으신가요?"라고 내가 묻자 오리히메가 고개를 끄덕였다. 이로써 오카베 씨는 바닥에 누워 있는 반려동물의 모습이나 문을 열고 들어오는 손님을 볼 수 있게 되었다.

또 다른 한 명은 일본 메릴린치 증권의 전 회장이었던 후지사와 요시유키(藤澤義之) 씨였다. 예순다섯 살에 루게릭병에 걸렸고, 생활하기 편리하도록 집을 개조했지만, 병이 진행되어 내가 찾아갔을 때는 호흡기를 장착한 상태였다.

호기심이 매우 왕성했던 후지사와 씨는 아직 연구 단

계인 오리히메를 구입해서는 IT 지식이 해박한 간병인과 함께 자신이 가지고 있던 시력 입력 장치를 결합해 개조해보려 했다. 하지만 결국 완전히 성공하지 못했고, 내게 개조를 의뢰해왔다. 이를 계기로 나는 후지사와 씨 댁을 방문하게 되었다.

그 무렵 오리히메를 시력 입력으로 조작하는 연구는 순조롭게 진행되어 '모두의 꿈 어워드'라는 비즈니스 대회에 참가해 발표할 정도였다.

최종 전형까지 올라가면 8,000명의 관객 앞에서 프레젠테이션을 할 수 있고, 우승하면 2억 원의 융자를 받을 수 있는 대회였다. 그 대회의 최종 전형에 오른 나는 오리히메를 두 발로 걷게 만들어 오카베 씨가 시선 입력 기능으로 원격 조작하고 8,000명의 관중 앞에서 오리히메가 손을 흔드는 실연을 상상했다. 그 순간 시대의 변화가 느껴졌다.

3개월 동안 준비한 이 실연은 성공을 거두었고, 나는 대회에서 우승할 수 있었다. 루게릭병 환자가 엄청난 관중에게 손을 흔들고 메시지를 발신하는 세계 최초의 사례였다.

이 대회는 2억 원이라는 엄청난 연구비를 가져다주었지만, 우리는 그보다 더 큰 것을 얻을 수 있었다.

바로 반다와의 만남이었다.

대회에 참가한 우리를 발견한 그가 연락해온 것이었다.

하루는 사무실에 루게릭병 환자이지만 아직 걸을 수 있는 다카노 하지메(高野元)라는 남성이 찾아왔다.

다카노 씨는 원래 스탠퍼드대학교에서 연구원으로 일했던 인재였지만, 나와 만났을 때는 이미 말하기도 어려워져 하던 일을 그만두어야 하는 상황이었다. 다카노 씨는 아직 움직일 수 있는 손가락을 이용해 컴퓨터로 문자를 입력하고, 음성을 읽어주는 기능으로 내게 이런 메시지를 보냈다.

"손끝의 움직임이나 시선으로 문자를 입력할 수 있는 장치는 누워만 지내는 환자에게 필요한 물건입니다. 나도 언젠가는 도움을 받겠지요. 하지만 단지 의사소통만을 위해 그만큼의 돈을 가족에게 부담시키기는 미안할 것 같습니다. 그러나 오리히메와 의사 전달 장치를 결합해서 '일'을 할 수 있다면 저는 열 배의 돈을 주고서라도 그 장치를 살 겁니다."

반다와도 해본 적이 있는 이야기였다.

원격으로 학교에 다니거나 병원에 다녀오거나 가족들이나 친구들이 있는 곳에 가서 그들과 같은 경험을 하는 것. 오리히메는 원래 그런 일을 가능하게 해주는 장치였다.

'어떻게 하면 오리히메를 이용해 일을 할 수 있을까?' '어떻게 하면 다시 일할 수 있는 곳을 찾을 수 있을까?' 그런 생각을 하고 있을 무렵, 나는 후지사와 씨와 또 다른 대규모 연구를 시작했다.

오리히메를 시선 입력 기능으로 움직이는 것을 넘어 문자 입력이 가능한 본격적인 의사 전달 장치로 만들기 위한 연구였다.

그때부터 후지사와 씨 댁을 방문할 때마다 제작한 프로

그램을 시험해보고, 개선점을 듣고, 돌아가는 길에 카페 등에서 코딩하는 식의 연구를 회사 업무 시간 외에 하는 취미로 삼았다.

개량을 거듭하던 어느 날, 후지사와 씨 부부와 잡담을 나누다 사모님이 평소 의사소통할 때 사용하는 '투명 문자판'이 궁금했다.

투명한 아크릴판에는 글자가 적혀 있었다. 그것을 환자 앞에 비추어 환자가 보고 있는 글자를 읽어내는 식으로, 루게릭병 환자와 간병인들이 일상적으로 사용하는 것이었다.

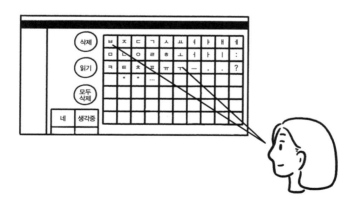

다만, 투명 문자판에는 많은 문제가 있었다.

문자판을 들고 있는 사람은 아무래도 무리한 자세를 취하게 되므로 허리가 아프다. 문자판을 손으로 계속 들고 있는 것도 부담이 된다. 한 글자씩 입력해야 하므로 시간도 걸리고, 금방 잊어버리기 때문에 한 글자씩 받아 적어야 했다.

게다가 시선을 읽는 방법은 사람마다 나름대로 특징이 달라서 다른 루게릭병 환자한테 익숙한 사람이라도 상대가 바뀌면 읽기 힘들어졌다. 여러모로 어려운 점이 많았지만, 다들 '원래 그런 거야'라고 생각했다. 나는 차라리 로봇한테 시켜 보자 싶어 투명 문자판에 로봇팔을 설치해 움직여보려다가 더 좋은 생각이 들어 멈칫했다.

'눈앞의 투명 문자판을 물리적으로 움직이지 말고, 시선 입력 장치와 컴퓨터 화면으로 쓰면 되잖아.'

곧바로 시제품을 만들어 후지사와 씨에게 사용해보도록 했더니 다음과 같이 입력했다.

"이거 좋은데."

고작 다섯 글자였지만, 동작은 완벽했다. '디지털 투명 문자판'이라 명명한 이 시스템은 후에 국제 특허까지 획득할 수 있었다. 결국 우리는 이것을 제품화하기로 결정했다.

그 무렵, 내가 쌈짓돈을 들여 비서로 고용했던 반다가 2015년 여름 오리연구소의 정식 계약 직원이 되었다. 또 거의 비슷한 시기에 후지사와 씨도 내가 만든 시선 입력 시스템으로 여러 가지 조언을 해주며 우리 회사의 특별 고문으로 취임해 주셨다.

이로써 우리 회사는 오리히메를 이용해 근무하는 직원이 두 명이나 있는 신기한 벤처기업이 되었다.

그로부터 반년이 조금 안 되어 디지털 투명 문자판의 제품화에 성공했고, 2016년 7월 '오리히메·아이'라는 이름으로 세상에 선보였다.

그러던 중 오리히메를 이용해 컴퓨터 조작도 하고 싶다는 요청이 들어왔다. 엔지니어를 증원한 우리는 오리히메·아이를 개량해 시선의 움직임만으로 윈도 컴퓨터의 모든 조작을 가능하게 했다. 또 루게릭병 환자가 자신이

원하는 대로 에어컨이나 텔레비전 채널을 바꾸고, 전깃
불을 켜거나 끌 수 있게 만들어나갔다.

그런 와중에도 나와 반다는 오리히메를 이용해 일할
방법을 계속 모색했다.

어느 장애인 특수학교에서 반다가 '누워 지내는 나조
차도 일을 하고 있다'는 취지의 강연을 했을 때였다. 그 자
리에 있던 부모님은 "그건 오리연구소이고, 반다 씨라서
가능한 거예요. 우리 아들은 비서처럼 어려운 일은 하기
힘들걸요"라는 일명 '할 수 없다'는 벽에 부딪혔다.

듣고 보니 반다도 업무를 기초부터 배우거나 각종 사
회 상식을 배우는 데 상당한 시간이 필요했다. 오리히메
로 비서 일을 하는 것은 확실히 쉬운 일이 아니었다.

어느 날, 우연히 반다와 함께

"반다, 내 비서니까 커피 좀 타다 줘"

"그럼 그런 몸을 만들어줘"

"그것도 그렇네"

"우리 나중에 같이 가게나 차리자" 같은 농담을 주고받

다가 의외로 괜찮은 아이디어라는 생각이 들었다.

누구나 인생에서 처음으로 돈을 벌 때는 어렵고 복잡한 지적 노동이 아니라, 신문 배달이라든가 물건을 운반하거나 접객하는 육체노동부터 시작한다. 그리고 점차 사회를 배워나간다. 그러니 육체노동을 할 수 있으면 이미지를 떠올리기 쉽고, 근무하기도 쉽겠다는 생각이 들었다. 나는 120cm 센티미터 크기의 대형 오리히메를 만들어보기로 했다.

그 무렵 '사단법인 WITHALS'라는 단체를 갓 설립한 나와 반다는 우리와 같은 또래였던 무토 마사타케(武藤将胤)와 만났다.

20대에 루게릭병에 걸린 무토는 오리히메를 원격 조작해서 학교에서 수업을 받는 등 '일할 수 있는' 방법을 모색 중이었다. 나와 반다는 무토와 의기투합했고, 설령 누워만 있어야 하는 상태가 된다 해도 사회에 계속 참여할 수 있는 미래에 관해 이야기를 나누게 되었다.

인턴 학생들도 참여한 개발팀이 1년간의 개발 기간을

거쳐 드디어 2017년, 120센티미터 크기의 대형 오리히메·D의 시제품이 모습을 드러냈다. 나와 반다는 '모두의 꿈 어워드'에 OB로 초청받아 그 자리에서 오리히메·D를 선보였다.

"앞으로 이 오리히메·D를 이용해 다 같이 일하자." 그렇게 반다 및 무토와 이야기를 나눌 때, 은사이자 친구이기도 했던 후지사와 씨가 세상을 떠났다. 그리고 얼마 못 가 나의 절친 반다도 세상을 떠나고 말았다.

함께 연구했던 동료이자 누구보다 먼저 오리히메·D를 조작해주길 바란 두 사람이었다. 두 사람을 잃은 충격으로 나는 반년 정도 오리히메·D 개발을 중단한 채 그대로 손을 놓고 말았다.

하지만 반다가 생전에 "이대로 있다가는 쓸모없이 죽고 말 거야. 이런 몸이니까 더욱 내가 살았다는 의미를 남기고 싶어."라고 했던 말을 떠올리며 연구를 재개했다.

반다와 이야기한 분신 로봇 카페를 실현해보자는 생각으로 연구에 매진하던 중 내 마음에 힘을 더해주는 일이 일어났다.

오리히메·아이를 이용해 그림을 그리는 어린이가 나타난 것이다. 윈도의 그림판을 이용하면 시력 입력 기능을 이용해 그림을 그릴 수 있었다.

그리고 그 사실로 인해 인생이 달라진 사람이 또 있었다. 사카키 히로유키(榊浩行) 씨였다.

사카키 씨는 원래 취미로 그림을 그렸는데, 루게릭병에 걸린 후 붓을 잡을 수 없게 되었다. 호흡기를 달게 된 후, 그가 할 수 있는 일이라곤 하염없이 텔레비전을 보는 것뿐이었다. 하지만 그는 오리히메·아이를 이용해 눈으로 그림을 그리기 시작했다. 사카키 씨의 그림을 처음 본 오리 연구소 직원들은 몹시 흥분했다.

그곳에는 탐스러운 붉은 꽃이 그려져 있었다.

나는 사카키 씨 댁을 방문해 평소 어떻게 그림을 그리는지, 무엇을 더 개선해야 좋을지 물었다. 그리고 기능을 점차 추가하자 사카키 씨는 오리히메·아이를 누구보다도 잘 활용할 수 있게 되었다. 아침에 눈뜨고 밤에 잠들기까지 365일 오리히메·아이와 오리히메를 이용해 병원 사람들과 대화를 나누고, 외출하거나 눈으로 끊임없이 그림을 그렸다.

사카키 씨가 시선 입력 기능을 이용해 그린 훌륭한 작품들은 SNS를 통해 많은 사람에게 퍼져 나갔고, 그들에게 용기를 불어넣었다. (facebook.com/hiroyukisakaki.painting)

그리고 2018년 여름, 드디어 오리히메·D를 완성했다.

고개를 끄덕이거나 목을 움직이는 동작밖에 하지 못했

던 오리히메가 5년이 지난 2018년에는 집 안을 돌아다니고, 현관 앞까지 간병인을 마중하러 나와 손을 흔들고, 쟁반에 담긴 초콜릿을 나눠주거나 뜨거운 커피를 건넬 수 있게 되었다.

드디어 반다와 내가 하고 싶었던 일이 가능해진 것이다. 마침내 2018년 11월에 제1회 로봇 카페를 개최했다.

이것은 루게릭 환자뿐만 아니라, 여러 사정으로 외출할 수 없는 사람들이 로봇을 원격 조작해서 근무할 수 있는 세계 최초의 카페였다.

사회에 계속 참여하고 싶어했던 다카노(高野) 씨도 카페 점원으로 근무를 시작했다. 다카노 씨는 자유롭게 움직일 수 있는 곳이 눈밖에 없는데도 오리히메·D를 자유자재로 조작해서 손님을 접대하고, 돌발 상황에 대처하며, 음료를 제공할 수 있다는 사실을 증명해냈다.

이듬해인 2019년에는 사카키 씨도 점원으로 근무하게 되어, 사카키 씨의 그림을 엽서로 만들어 판매하기도 했다.

그의 작품은 인터넷상에서 유명해졌고, 많은 사람이

응원해주었다. 덕분에 그를 따라 오리히메·아이를 이용
해 그림을 그리려는 난치병 어린이들도 나타났다.

루게릭병 환자도 근무할 수 있는 로봇 카페는 지금까
지 네 차례, 실험을 통해 꾸준히 가설을 검증해왔다.
그런 가운데 오리히메를 이용해 다른 직장에 취직하
는 동료들이 나타나기 시작했다. 다카노 씨가 손님으로
왔던 지방 소도시 기관에 스카우트되어 오리히메를 이
용해 회의에 참석하기도 했다. 각종 난치병으로 일할 수
없었던 다른 동료들까지 각 지역의 도청을 비롯해 케이
크 가게의 점원, 기업의 접수처 직원 등으로 일할 수 있

게 되었다.

2018년에 10명, 2019년에 30명, 지금은 동료 수십 명이 오리히메의 파일럿으로 근무하며 기회를 만들고 있다.

그리고 우리는 여전히 오리히메에 필요한 시스템을 끊임없이 만들고 있다.

목소리를 잃어버린 루게릭병 환자의 원래 목소리로 계속 말할 수 있는 장치, 점원이 직접 커피를 내려줄 수 있는 '텔레 바리스타 시스템'도 개발하고 있다.

그리고 반다와의 잡담에서 출발한 로봇 카페 프로젝트는 결실을 거두어 드디어 2021년 6월, 매장을 열었다.

이곳은 매일 온갖 '세계 최초의 실패'를 경험하면서 '하지 못하는 일들의 다양한 가치'를 발견하는 실험실이다. 여기에서 세상에 존재하는 많은 불가능한 일을 가능한 일로 더욱 빠르게 바꿔나갈 생각이다.

불과 8년 전인 2013년에는 나를 비롯한 많은 사람이 루게릭병에 대해 잘 알지 못했다. 온종일 누워 지내는 사람이 일할 수 있으리라고는 그 누구도 생각하지 못했다.

Y 씨와의 만남을 계기로 오카베 씨와 도전한 '모두의 꿈 어워드'에 나간 덕분에 척수손상을 입고 20년 동안 누워 지낸 반다를 만나게 되었고, 그들과 잡담을 나누는 과정에서 다양한 아이디어가 생겨났다.

　후지사와 씨와의 만남을 통해 오리히메·아이가 탄생했고, 다카노 씨는 시선 입력 기능을 이용해 일하고 싶다는 뜻을 강하게 피력해 주었다.

　덕분에 어린이가 오리히메·아이를 이용해 그림을 그렸고, 그것을 본 사카키 씨가 그림을 작품을 만들어냈다.

여러 사람을 만나면서 그 사람들이 각자 '하지 못하는 일'을 함께 고민하고, 포기하지 않고 노력한 끝에 그 일을 가능하게 한 것이다. 그것을 공유하고, 그것을 본 사람은 '나도 할 수 있을지 몰라' 하며 또 다음 도전을 시작한다.

중요한 것은 기술이 아니다.

그들이 진심으로 바라고, 만나고, 행동하고, 발신하고, 받아들여온 것들을 차곡차곡 쌓는 것이다. 그 한 걸음 한 걸음은 작지만, 그것이 모여 8년 만에 불가능하다고 생각한 것을 가능하게 했다.

세상은 변할 수 있다.

여러분, 안녕하십니까.

저는 사카키라고 합니다.

저는 루게릭병 환자로 온종일 누워 지내지만,

오리히메 덕분에 하루하루를 즐겁게 살고 있습니다.

예전에는 그저 텔레비전만 바라보고 있었는데,

이제는 이메일이나 SNS를 통해 외부와 소통할 수 있고

그림도 그릴 수 있어 삶이 완전히 바뀌었습니다.

특히 그림을 그릴 수 있게 된 후로는

매우 충실한 삶을 살고 있습니다.

몸을 움직일 수 없는 제게
많은 가능성이 열린 것에 감사하고 있습니다.
저와 같은 병을 앓고 계신 분들도
부디 희망을 갖고
함께 살아갈 수 있기를 바랍니다.
고맙습니다.

팀 오리히메
사카키 히로유키
오리연구소 6주년 기념 강연에서
(사카키 씨는 2020년 5월에 영면하셨다.)

꼬리말

내가 루게릭병 환자의 집에서 처음으로 식사 대접을 받았을 때, 과연 환자 앞에서 "맛있어요!"라는 말을 해도 되는 건지 알 수가 없었다.

더는 우리처럼 음식을 먹고 마실 수 없게 된 사람 앞에서 밥을 맛있게 먹고 그 기쁨을 표현하는 것이 어쩌면 너무 잔혹한 일이고, 그 사람을 슬프게 하는 일은 아닌지 걱정했기 때문이다.

하지만 그런 내 마음을 눈치챘는지 문자판으로 "맛있어?"라고 묻기에 나는 "정말 맛있어요!"라고 솔직히 대답했다.

그분은 "다행이네"라고 말한 뒤, 이런 말을 덧붙였다.

"나는 이제 먹을 수가 없으니까 나 대신 먹고, 웃어 주면 좋겠어. 그게 나한테는 맛있게 먹는 거야."

그 이야기를 다른 환자분들에게 했더니 동감한다고
했다.

"진짜 절반 정도는 나도 맛있게 느낀다니까"라고 말하
는 사람도 있었다. 그 말을 듣고 나는 생각했다.

'인간은 기쁨을 확장할 수 있는 동물이구나.'

어릴 적에는 누구나 칭찬받거나 좋은 경험을 했을 때
기쁨을 느낀다.

하지만 인간은 기쁨을 확장해나간다. 아끼는 반려동물
을 남들이 칭찬하면 기분이 좋아진다. 친한 친구가 운동
회에서 큰 활약을 해도 기쁘고, 참여한 작품이 세간에 좋
은 평가를 받아도 기쁘며, 자녀를 낳으면 그 아이가 성장
하는 모습을 마치 자기 일처럼 기뻐한다. 아이돌이나 애
니메이션 캐릭터 가운데 자신의 '최애'한테 품고 있는 감
정이나 그들을 응원하는 즐거움도 아마 이와 비슷할지
모른다.

인간은 어차피 나이가 들면 신체적으로 할 수 있는 일
이 점차 줄어들지만, 자신이 칭찬받거나 활약하지 않아

도 기쁨의 범위를 넓힐 수는 있다.

그런 식으로 생각하면 나나 여러분도 고령자가 되면 같은 나라에 사는 젊은이들이 건강하다는 사실만으로 기쁠 수도 있다. 모든 생명체가 단지 살아 있다는 이유만으로 기쁘게 느껴질지 모른다.

이제껏 누워만 지내는 선배와 동료들을 만나오면서 깨달은 것이 있다.

인간은 '맡기는' 능력을 지녔다는 사실이다.

Y 씨는 이렇게 말했다.

"내가 이 일을 하는 것은 나 자신이 오리히메를 쓰고 싶어서가 아니야. 이 연구가 누군가에게 도움이 된다면 내가 루게릭병에 걸린 가치가 생기는 거잖아. 그래서 같이 하는 거라고."

또 다른 사람은 이렇게 말했다.

"날 대신해서 다양한 세계를 보고 와주면 좋겠어."

인생은 언젠가 끝이 난다.

아무리 돈을 많이 벌었어도, 그 어떤 영광을 손에 거머쥐었어도, 아무리 애를 썼어도 사람의 인생은 언젠가 끝난다.

하지만 내가 노력한 것, 고생하며 싸워온 것, 그리고 내가 겪은 수많은 도전과 실패가 다음에 올 누군가에게 살아갈 원동력이 된다면, 그래도 열심히 산 보람이 있다고 말할 수 있지 않을까.

학교나 인터넷을 통해 지식을 익히는 일.

경험을 쌓는 일.

다른 사람을 만나는 일.

어려움을 해결하기 위해 궁리하는 일.

그리고 그 생각을 공유하는 일.

이것들은 과거로부터 물려받아 다음 세대에 맡겨야 하는 바통이 된다.

미래를 개척할 수 있는 우리의 살아 있는 무기이다.

나도, 여러분도 삶이 언제 끝날지 알 수 없다.

살아 있는 한 수많은 고난이 있을 테고, 누구에게도 이해받지 못할 어려움을 경험할 것이다.

인간관계 때문에 고민하거나 절망하는 밤도 있을지 모른다. 하지만 반대로 무언가를 이루고 성취감을 느끼거나, 나만 아는 소소한 기쁨을 발견하는 순간도 많을 것이다.

그런 여러분의 경험이나 삶의 징표가 다음 세대의 누군가에게는 길잡이가 되어 미래를 여는 데 도움을 줄 것이다.

받아들이고 공유하자.

나는 이제 곧 친한 친구와의 약속이기도 한 '분신 로봇이 근무하는 카페'라는 인류 첫 실험에 도전하려고 한다.

내가 언젠가 누워 지내는 날이 오더라도 다시 방 천장만 바라보는 고독한 상태에 빠지지 않고 '일하고 싶은' 마음이 생기는 장소를 만들기 위해서이다.

삶이 다하는 그날까지 연구를 계속해나갈 생각이다.

세상에 완전한 것은 아무것도 없다.

인생에 정답은 없다.

그렇기에 우리가 할 수 있는 일은 아직 많다.

이 격동의 시대에 짧은 인생을 살아오는 동안 다양한 경험을 쌓으며 성장한 여러분과 어딘가에서 만나 무언가를 서로 맡길 수 있는 동료가 된다면 행복할 것이다.

요시후지 오리

내가 하고 싶은 일이
나의 삶을 만들어간다.
그리고 점차 누군가가 나에게
그 일을 맡기게 될 것이다.